El camino de la serenidad

Encuentra paz y felicidad en la Oración de la Serenidad

PADRE JONATHAN MORRIS

HarperCollins *Español*

Por respeto a la privacidad de las personas mencionadas en este libro, es posible que se hayan cambiado nombres o creado algunos personajes.

El camino de la serenidad: *Encuentra paz y felicidad en la Oración de la Serenidad.*
© 2015 por Padre Jonathan Morris
Publicado por HarperCollins Español® en Nashville, Tennessee,
Estados Unidos de América.
HarperCollins Español es una marca registrada
de HarperCollins Christian Publishing.

Título en inglés: *The Way to Serenity*
© 2015 por Padre Jonathan Morris
Publicado por HarperOne, un sello de HarperCollins Publishers.

Todos los derechos reservados. Ninguna porción de este libro podrá ser reproducida, almacenada en algún sistema de recuperación, o transmitida en cualquier forma o por cualquier medio —mecánicos, fotocopias, grabación u otro— excepto por citas breves en revistas impresas, sin la autorización previa por escrito de la editorial.

A menos que se indique lo contrario, todos los textos bíblicos han sido tomados de *Dios habla hoy*®, Tercera edición, © Sociedades Bíblicas Unidas, 1966, 1970, 1979, 1983, 1996. Usados con permiso.

Citas bíblicas marcadas «RVR1960» son de la Santa Biblia, Versión Reina-Valera 1960 © 1960 por Sociedades Bíblicas en América Latina, © renovado 1988 por Sociedades Bíblicas Unidas. Usadas con permiso. Reina-Valera 1960® es una marca registrada de la American Bible Society, y puede ser usada solamente bajo licencia.

Citas bíblicas marcadas NVI son de La Santa Biblia, Nueva Versión Internacional® NVI® © 1999 por Biblica, Inc.® Usadas con permiso. Todos los derechos reservados mundialmente.

Editora General: *Graciela Lelli*
Traducción: *Eugenio Orellana*
Edición: *Omayra Ortiz*
Adaptación del diseño al español: *Grupo Nivel Uno, Inc.*

ISBN: 978-0-82970-176-0

Impreso en Estados Unidos de América

15 16 17 18 19 DCI 10 9 8 7 6 5 4 3 2 1

*Francis, gracias por enseñarme de nuevo
que la fórmula de Jesús es sencilla:
misericordia, humildad, verdad y servicio.*

CONTENIDO

INTRODUCCIÓN *1*

PRIMERA PARTE
SERENIDAD PARA ACEPTAR
LAS COSAS QUE NO PUEDO CAMBIAR *9*

CAPÍTULO 1 Una paz que viene de Dios *13*

CAPÍTULO 2 A salvo de toda angustia *18*

CAPÍTULO 3 Trabaja como si todo dependiera de ti y ora como si todo dependiera de Dios *22*

CAPÍTULO 4 La paciencia conduce a la paz *27*

CAPÍTULO 5 Dios nunca nos dejará solos *33*

CAPÍTULO 6 Si Dios puede cambiarlo, ¿por qué no lo hace? *41*

CAPÍTULO 7 Tenemos todo lo que necesitamos *45*

CAPÍTULO 8 El encanto de las posesiones materiales *49*

CAPÍTULO 9 Asciende la montaña, y luego mira desde la cima *53*

CAPÍTULO 10 La serenidad es posible sin importar lo que enfrentemos *57*

CAPÍTULO 11 Tenemos que admitir nuestra historia *63*

CAPÍTULO 12 *Dios te ama, con todos tus defectos* 69

CAPÍTULO 13 *La misericordia de Dios no tiene límites* 73

CAPÍTULO 14 *La gratitud es un camino a la paz* 78

CAPÍTULO 15 *Todo es cuestión de alegría* 85

SEGUNDA PARTE
VALOR PARA CAMBIAR
LAS COSAS QUE SÍ PUEDO CAMBIAR 91

CAPÍTULO 16 *¿Podemos realmente marcar una diferencia?* 94

CAPÍTULO 17 *Danos hoy nuestro pan cotidiano para actuar* 99

CAPÍTULO 18 *Necesitamos hacer algunos cambios* 104

CAPÍTULO 19 *¿Se acabaron los valientes?* 110

CAPÍTULO 20 *Tienes un papel importante en esta obra* 113

CAPÍTULO 21 *Ante los ojos de Dios, todos somos figuras de acción* 118

CAPÍTULO 22 *Soñadores del mundo, ¡únanse!* 124

CAPÍTULO 23 *La primera persona que debe cambiar eres tú* 127

CAPÍTULO 24 *Bienaventurados los misericordiosos* 130

CAPÍTULO 25 *Un puente para la reconciliación* 144

CAPÍTULO 26 *Ayudándonos con la cruz unos a otros* 148

CAPÍTULO 27 *El valor para levantarte después de una caída* 152

CAPÍTULO 28 *Comenzar con pasos de bebé* 158

CAPÍTULO 29 *¡Si David pudo, yo también puedo!* 161

TERCERA PARTE
SABIDURÍA PARA RECONOCER LA DIFERENCIA *165*

CAPÍTULO 30 *Busca sabiduría, no conocimiento* 169

CAPÍTULO 31 *Cultivemos nuestra vida interior* 173

CAPÍTULO 32 *¿Espirituales pero no religiosos?* 177

CAPÍTULO 33 *Los susurros de Dios* 181

CAPÍTULO 34 *El principio de toda sabiduría* 187

CAPÍTULO 35 *Discernimiento* 191

CAPÍTULO 36 *No evites los riesgos; asume los correctos* 196

CAPÍTULO 37 *Una vida con propósito y sentido* 201

CAPÍTULO 38 *¿Sabiduría cristiana?* 207

CAPÍTULO 39 *Tengo al cielo en la mente* 209

CAPÍTULO 40 *¿La voluntad de Dios o la mía?* 218

CAPÍTULO 41 *Las personas antes que las cosas* 223

CONCLUSIÓN 227

NOTAS 230

INTRODUCCIÓN

Era un frío día de enero. Pensé que mi abrigo estaba abrochado hasta arriba, pero una parte de mi cuello clerical debe haber estado a la vista, porque un hombre de unos treinta años se me acercó mientras caminaba por una calle corta en el Bajo Manhattan, no lejos de Wall Street. Él estaba ansioso por decirme que no creía en Dios. Jim se mostró tan amable y sincero como era posible. Parecía sentirse obligado a contarme de su incredulidad, no para que yo tratara de convencerlo de lo contrario, sino para dejarme saber que se estaba esforzando al máximo por ser una buena persona a pesar de no tener fe en mi Dios.

Me impresionó su sinceridad y su franqueza al comunicarme la verdad de que muchos no creyentes son personas muy, muy buenas y morales. Le di las gracias por sentirse lo suficientemente seguro como para abordarme. También le di las gracias por tratar de vivir una vida virtuosa, y le dije que me había inspirado a doblar mi apuesta en cuanto al mismo objetivo. Por último, le dije que, si no le importaba, oraría por él, y como restándole importancia al asunto, que él también orara por mí. Me dio la mano, sonrió amablemente, y comenzó a alejarse; se detuvo después de haber dado algunos pasos, se volvió y me dijo algo que nunca olvidaría. «Yo realmente no creo en la oración,

INTRODUCCIÓN

porque no sé si alguien está escuchando, pero me gusta la "Oración de la Serenidad"».

Lo notable de la declaración de Jim es la frecuencia con que he oído lo mismo, aunque en diversas formas. Incluso personas que no tienen conexión alguna con el Padrenuestro o la Oración de Jesús (¡mucho menos con el Memorare o el Ave María!) o cualquier otra oración formal, de alguna manera encuentran gran consuelo en la Oración de la Serenidad. Pareciera que esta oración hace vibrar una cuerda que trasciende los límites de determinadas experiencias religiosas para tocar algo íntimamente relacionado con nuestra humanidad. Y, notablemente, esta oración amada por muchos no es genérica, ni trillada, ni superficial. ¡Justo lo contrario! Desde el creyente más ferviente y comprometido hasta el indagador más escéptico, todos podemos encontrar en ella algo de gran profundidad y apoyo. Yo la rezo todos los días.

En diversas épocas, la oración se ha atribuido a los más diversos autores, desde Tomás de Aquino a Cicerón, desde San Agustín a Boecio, desde Marco Aurelio a San Francisco de Asís. Sin embargo, en realidad la oración tiene un historial mucho más humilde y reciente. Fue escrita, o por lo menos la popularizó, en el siglo XX el teólogo protestante estadounidense Reinhold Niebuhr. Ha tomado muchas formas, pero siempre se reduce a tres peticiones simples:

Señor, concédeme la serenidad para aceptar las cosas que no puedo cambiar, el valor para cambiar las cosas que sí puedo cambiar, y la sabiduría para reconocer la diferencia.

Cuando me topé por primera vez con esta oración hace ya muchos años, me llamó la atención, pero no le hice mucho caso. Me pareció una frase cliché, de esas que se pueden encontrar en un afiche ilustrativo promoviendo velocistas, pandas, puestas de sol, levantadores de pesas o cascadas.

Fue después de asistir a una reunión abierta de Alcohólicos Anónimos que entendí que la Oración de la Serenidad es algo muchísimo más profundo de lo que mi propia alma había estado dispuesta a reconocer. En mi orgullo e inmadurez, había confundido simplicidad con superficialidad y lo universal con un simple cliché.

En un caluroso día de agosto, en una cafetería en el sótano de una escuela elemental cerrada, vi a hombres y mujeres quebrantados orar la Oración de la Serenidad de una manera que solo desearía poderla orar personalmente. Sentados en sillas de madera hechas para niños de la mitad de su tamaño, cristianos y no cristianos por igual pronunciaban de memoria aquellas palabras que habían hecho suyas. Era una oración porque era sincera, audaz y un diálogo franco con Dios. Me pareció un grito de calma en la oscuridad de su propia insuficiencia lanzado a un poder mayor al que habían atado sus voluntades y sus esperanzas. Era el más puro y genuino acto de rendirse a la voluntad de Dios que jamás haya presenciado. Su oración no era especialmente bonita, o limpia; era real, cruda; todo lo contrario a un espectáculo religioso. Era algo íntimo, existencial y completamente indiferente a la alabanza o el reproche de algún espectador. Era una oración, simple y llanamente.

A medida que comencé a estudiar y a orar sobre los elementos de la Oración de la Serenidad y las razones por las que era tan popular, me di cuenta que esta oración sencilla se podía convertir en una parte importante de mi vida espiritual diaria.

¿Por qué? En primer lugar, su sencillez es irresistible. Las oraciones largas también pueden ser hermosas y tienen su lugar. Pienso, por ejemplo, en las oraciones litúrgicas, llenas de tradición teológica y sentido, atrayéndonos al misterio del ser de Dios. Sin embargo, hay algo entrañable y eminentemente práctico en una oración que cualquiera de nosotros podríamos haber compuesto en docenas de ocasiones en respuesta a algún conflicto personal. La Oración de la Serenidad es un gemido de confianza del espíritu. Es un grito confiado por ayuda.

Intuitivamente sentimos en esta oración la verdad de los frecuentes elogios que Jesús les hacía a los niños y la necesidad de ser como niños en nuestras vidas espirituales. ¡Con cuánta frecuencia complicamos las cosas! Cuando nuestras mentes se nublan, nuestras oraciones se convierten en palabrería hueca y pronto nos cansamos y dejamos de orar. ¿Acaso no fue Jesús mismo, quien, una vez más, animó a sus seguidores a ser breves en sus oraciones? Sinceramente dudo que Dios se sienta muy impresionado por la prosa elegante y la sintaxis perfecta de nuestras oraciones si las estamos haciendo para parecer o sentirnos inteligentes o piadosos, o con la esperanza de que el juego perfecto de palabras nos proporcione por arte de magia lo que queremos. La oración consiste en desnudarnos ante aquel que ya ve la desnudez de nuestra alma en toda su maldad y bondad, y que luego responde ayudándonos a despojarnos de nuestras anteojeras para vernos a nosotros y a otros a través de sus ojos. Un segundo factor que hace que la Oración de la Serenidad sea tan poderosa es la importancia del regalo que le pedimos a Dios cuando la oramos: paz del alma o serenidad. Estamos pidiéndole a Dios que reemplace nuestra ansiedad con un corazón en descanso. El estrés puede destruir nuestras vidas si se lo permitimos. Lo sentimos en nuestra sangre cuando comienza a dominarnos. Comienza con una pequeña preocupación que pronto se transforma en ansiedad y antes de darnos cuenta ya nos envuelve el temor. En la Oración de la Serenidad le pedimos a Dios que inunde con su paz cada fibra de nuestro ansioso interior.

Hay momentos en los que el pensamiento de la serenidad diaria me parece inalcanzable. Al igual que muchas otras personas, tengo varios trabajos (ministerios) que exigen mi atención, y cada año que pasa siento que mi plato está más lleno.

INTRODUCCIÓN

Las consecuencias del fracaso son cada vez más grandes. Más trabajo significa más responsabilidad, y más responsabilidad implica más problemas. Con una vida tan llena de compromisos, difícilmente puedo describir un día normal como sereno. Sin embargo, como estoy seguro que todos hemos experimentado en un momento u otro, con el estado de ánimo correcto y la gracia de Dios es posible tener paz, aun en medio de un frenesí de actividades. Esa es la paz del alma que procura la Oración de la Serenidad.

Una tercera razón para creer que la Oración de la Serenidad puede transformar nuestras vidas es que nos recuerda otra gran verdad: Dios quiere que seamos personas serenas. Con toda razón rechazamos la idea de un Dios que solo está preocupado en ponernos reglas y que nos atengamos a ellas. Este concepto erróneo de Dios como «policía» es especialmente repulsivo porque sabemos que no somos muy buenos en cumplir todas las reglas. Por el contrario, hablar con un Dios que quiere que tengamos un alma en paz —lo que naturalmente deseamos— nos recuerda que él está de nuestro lado. Ese es el Dios del que hombres santos se han enamorado a lo largo de los siglos. Ese es el Dios de la Oración de la Serenidad. Sus sencillas peticiones apuntan a un Dios que nos ama, que quiere que seamos felices y que está cerca para ayudarnos a convertirnos en la mejor versión de nosotros mismos.

Demasiadas personas se alejan de la religión porque, a medida que la vida avanza, les parece que las exigencias de una relación con Dios y la iglesia parecen ser demasiado difíciles de cumplir. Aunque el cristianismo enseña que Dios es amor, a veces, cuando la iglesia (¡incluyéndome a mí!) comienza a explicar lo que esto significa para nosotros en la práctica, se pierde la verdad central o se sustituye con otros conceptos menos importantes. Nos enfocamos en lo que la fe podría exigir de nosotros si la tomamos en serio y no en el Padre amoroso que nos invita a descansar en sus brazos.

INTRODUCCIÓN

Por último, hay otra cualidad en la Oración de la Serenidad que la hace especial. Es una petición para que Dios nos dé la gracia a fin de hacer nuestra parte, en lugar de él tratar de eludirnos y hacerlo todo por su cuenta. Así es como debe ser, de una forma más humana. Y esa es generalmente la manera en que Dios decide intervenir en los asuntos del ser humano. ¿Recuerdas haberte sentido algo incómodo en la escuela pidiéndole a Dios que te ayudara a salir bien en un examen para el que no habías estudiado? Sentirnos mal es un sentimiento saludable, porque Dios nos dio mente y voluntad, pero actuamos como unos mal agradecidos cuando presuntuosamente dejamos de usar los dones que ya nos ha dado y esperamos que cuando estemos en problemas, él nos saque bajo fianza. Sí, en la Oración de la Serenidad estamos pidiendo el milagro de tener serenidad en el caos, pero al mismo tiempo estamos prometiéndole a Dios que vamos a tratar de: (1) aceptar lo que no podemos cambiar, (2) atrevernos a cambiar lo que sí podemos, y (3) usar nuestra capacidad mental para distinguir entre lo que podemos cambiar y lo que no podemos. Esa es una tremenda forma de colaborar con la gracia de Dios.

Cada una de las tres grandes virtudes que pedimos en esta oración: serenidad, valor y sabiduría, tiene su precio. Las pedimos, pero también tenemos que trabajar por ellas y depender de la gracia de Dios para guiarnos en la jornada. El milagro que pedimos es la gracia para lograr hacer lo que de otro modo no podríamos. Por más poderosos que nos sintamos en esta era moderna, hay muchos aspectos de nuestras vidas que nos hacen sentir extrañamente impotentes. Cada día me encuentro con gente que se siente atrapada. Para algunos es su situación laboral (o su desempleo), para otros es su matrimonio o la familia, y otros más se sienten presos por las malas decisiones que han tomado o simplemente por sus propias insuficiencias y fracasos. No es necesario que se nos arroje a una celda con barrotes para sentirnos encarcelados. Podemos construir nuestra propia

INTRODUCCIÓN

prisión y encerrarnos con llave en ella. Dejamos que condiciones insignificantes nos hagan sentir desesperados y vacíos. ¿No es increíble —y frustrante— ver cómo, por una parte, la ciencia nos ha permitido dividir átomos, trazar el mapa del genoma humano y curar muchas enfermedades, pero por otro lado, aquí seguimos, todavía limitados por los defectos de nuestro carácter? ¿Querrá Dios que vivamos atrapados? ¡De ninguna manera! Él quiere darnos gracia para liberarnos de nuestras cadenas y abandonar nuestra prisión.

Lo que más me gusta de la Oración de la Serenidad es que cuando de verdad aprendemos a orarla —no solo a recitarla—, estamos obligados a ponerla en práctica. Con esta oración en nuestros corazones, ya estamos aprendiendo a discernir cómo somos capaces de contribuir (las cosas que podemos cambiar) y lo que sencillamente debemos aceptar y dejar en las manos de Dios (lo que no podemos cambiar). Pedimos serenidad, valor y sabiduría y nos esforzamos por conseguirlos.

Mi esperanza es que este libro te ayude a hacer de esta oración un estilo de vida. En eso se ha convertido para mí. Por supuesto, en mi ministerio oro a menudo y repito muchas oraciones, y trato de hacerlas de todo corazón. Sin embargo, para mí la Oración de la Serenidad es diferente de todas las demás: es un hábito, una forma de vida, y estas son palabras que le digo a Dios cuando me despierto, antes de irme a dormir, cuando estoy inquieto, cuando estoy agradecido, cuando estoy confundido, cuando estoy feliz, cuando fallo y cuando no sé qué más decir. En cada una de las tres partes de este libro exploro a fondo esta maravillosa oración. Utilizo historias de personas que han aprendido o están en el proceso de aprender a encontrar mayor serenidad en la vida. Hablo de lo que Dios ha hecho en mi propia vida y en las vidas de los miembros de mi familia para llevarnos a lo largo de este camino de tres pasos. He empleado mis historias bíblicas favoritas, textos espirituales, hechos históricos, oraciones y meditaciones para ayudarte a lo largo de este viaje hacia la más grande serenidad, el valor y la sabiduría que Dios quiere para cada uno de nosotros.

Antes de seguir adelante, quisiera hacerte una petición: ¿Podrías memorizarte la Oración de la Serenidad hoy y orarla cada día hasta que termines de leer este libro? Esa sería una forma muy sencilla de decirle al Espíritu Santo que estás esperando cualquier sorpresa llena de gozo que él esté deseando darte. Con esto en mente, al final de cada capítulo he escrito una breve oración especialmente para ti. Permite que cada una de estas oraciones te recuerden que este libro trata más acerca de emprender una jornada de oración y conversión que de aprender algo nuevo.

PRIMERA PARTE

Serenidad para aceptar las cosas que no puedo cambiar

No hace mucho, mi amiga Lorie me envió un mensaje de texto con un tono de pánico. Me decía que su jefe la estaba convirtiendo en paranoica y que no podía dormir por las noches.

—¿Tienes miedo de que te vaya a despedir? —le pregunté.
—No, no es eso. Es que me está pidiendo que haga tantas cosas que no sé si podré hacerlas ni cómo va a terminar todo esto.
—Bueno, Lorie, ¿no crees que es muy bueno que tu jefe dependa tanto de ti? Me parece que es una señal de confianza —respondí— y él no te va a despedir ni se va a enojar contigo si no alcanzas a hacer todo lo que te pide.

—Lo sé, pero esto es demasiado, y la verdad es que no sé qué hacer.

—¿Crees que hasta ahora él esté satisfecho con tu trabajo? —insistí.

—La verdad es que no estoy segura —me dijo—. Aunque a principios de este mes me dio un aumento.

—¿Un aumento sustancial?

—Sí, me parece que sí. De un veinte por ciento.

Con una sonrisa en el rostro le dije que a un montón de gente le encantaría tener a un jefe tan déspota como el suyo. Sin embargo, para Lori, ni siquiera un aumento del veinte por ciento sobre su salario era suficiente para hacerla cambiar. Las expectativas de su jefe la oprimían. No podía manejar los trabajos que se le encomendaban; sentía que era demasiada carga para ella. Estaba abrumada por las cosas que sentía que no podía cambiar. En esta primera sección del libro, nos sumergiremos en lo que significa aceptar con serenidad las cosas que no podemos cambiar y cómo podemos actuar en esta situación. Tres ideas están en juego: serenidad, aceptación y las realidades inmutables.

A primera vista, la serenidad podría parecer un concepto negativo, en el sentido de que se refiere a la ausencia de algo; por ejemplo, ausencia de agitación, de preocupación, de tensión. Sin embargo, si la serenidad fuera simplemente ausencia de ciertos sentimientos o condiciones, diríamos que ser serenos significaría ser despreocupados e impasibles ante los problemas que nos rodean. No obstante, cuando nos encontramos con una persona verdaderamente serena, nos damos cuenta de que hay más en ello que simplemente estar despreocupado. De las personas pacíficas y serenas emana un sentido de calma, realización y bienestar. La serenidad y la paz del alma son conceptos positivos que abarcan una plenitud y una riqueza de espíritu que van mucho más allá de la mera ausencia de algo malo. Una persona no puede ser verdaderamente serena si está vacía por dentro, incluso si no hay problemas que la estén presionando. La serenidad por la que oramos es holística; es decir, abarca todo lo que somos. Esta serenidad está arraigada en la absoluta confianza de que todo lo que es importante en nuestra vida está bien, o va a estar bien, porque Dios está de nuestro lado y sabe lo que permite y por qué lo hace.

El alma serena descansa en la certeza de ser amado y cuidado por el Dios del perfecto amor.

Si la serenidad es un estado del ser, el segundo elemento en juego, la aceptación, es una acción. En latín, la palabra es *accipere,* que significa tomar algo y hacerlo de uno. Cuando aceptamos regalos ofrecidos por otros, los recibimos con gratitud como objetos que ahora son nuestros. Aceptar regalos es lo contrario de rechazarlos; es decir, la falta de disposición para aceptar lo que se nos ofrece. La aceptación, en este contexto, también implica una cierta cantidad de consentimiento, como cuando aceptamos una disculpa o una propuesta. Nótese que la aceptación va más allá de la mera renuncia. Aceptar a una persona en casa o en nuestro círculo de amigos implica una disposición acogedora, y aceptar una idea significa abrazarla, asimilarla e identificarnos con ella. En nuestras oraciones, pedimos específicamente la serenidad que viene de este tipo de actitud acogedora hacia las realidades difíciles de nuestras vidas que no podemos cambiar.

¿Cuáles son esas realidades que está más allá de nuestro poder alterar? ¿Cuáles son las realidades inmutables en nuestra vida que estamos pidiéndole a Dios que nos ayude a aceptar? Son demasiadas para enumerarlas, pero puede ser útil formarnos una idea de algunas de las más difíciles de aceptar. Podemos empezar, por supuesto, con nuestro pasado, nuestra historia personal. Todo lo que está escrito, escrito está. Las cartas que nos tocaron —padres, hermanos, educación, talentos (o falta de ellos), traumas y tragedias, las decisiones buenas o malas que hicimos y sus consecuencias— todas son, en un sentido, agua corriendo bajo el puente. Son las cosas que no cambian, no importa lo que deseemos o hagamos. Podemos rebelarnos contra ellas o aceptar su realidad. Podemos aprender de ellas o permitirles que nos condicionen. Ellas simplemente son, porque ya fueron. Poca gente está completamente satisfecha con sus vidas. Pocas personas aman todo acerca de sí mismas, ¡y a las que sí lo hacen, no siempre es muy divertido tenerlas cerca!

En esta primera parte del libro, vamos a trabajar con estos tres conceptos. Buscamos serenidad, y reconocemos que no la podremos encontrar a menos que estemos dispuestos a aceptar ciertas cosas, porque resistirse a realidades inmutables no solo es improductivo, sino que resulta destructivo. Esta primera petición de la Oración de la Serenidad requiere una cierta disciplina para dar los pasos necesarios que nos permitan formar nuestras disposiciones fundamentales de una manera constructiva, y también requiere la voluntad de confiar. Pedimos, creyendo que vamos a recibir. Buscamos, con plena confianza de que vamos a encontrar. Tocamos, con la seguridad de que la puerta se nos abrirá.

CAPÍTULO 1

Una paz que viene de Dios

Para que nadie se sienta ofendido, hoy día se ha convertido en un cliché el desear u orar en voz alta por la paz mundial. Esto es ahora un elemento básico en los concursos de belleza, en las graduaciones y en los almuerzos filantrópicos. Y si bien habría mucho que decir en su favor, la paz mundial no es más que una expresión del deseo ingenuo expresado a través de la pregunta: «¿Acaso no podemos llevarnos bien todos?». Este es un deseo ingenuo porque sugiere que la paz se puede lograr a través de la conducta o de la política en lugar de mediante la conversión del corazón. En nuestra búsqueda de la «paz mundial», miramos hacia afuera para evitar mirar hacia adentro. Como escribió una vez el gran obispo Fulton Sheen: «Las guerras mundiales no son más que proyecciones de los conflictos que se libran dentro del alma del hombre moderno, porque nada ocurre en el mundo exterior que no haya sucedido primero dentro del alma».[1] Esto es cierto. Lo que realmente queremos, aun más que la paz mundial, es la paz del alma. La paz interior.

Cuando oramos por la serenidad para aceptar las cosas que no podemos cambiar, estamos pidiendo una paz profunda, esa paz duradera que no depende de las cosas que nos ocurran en el transcurso de la vida, sino de nuestra disposición a dejar a Dios ordenar las cosas a su manera y según su tiempo.

Jesús vino como el Príncipe de la paz, y les prometió a sus discípulos el don de una paz que el mundo no puede dar (Juan 14.27). Esta paz es más que el mero «llevarse bien», o la ausencia de conflictos armados. Jesús se refería a algo más profundo, más duradero. La paz en este mundo es siempre precaria, está siempre amenazada. Podemos disfrutarla por un tiempo, solo para vernos despojados de ella en cualquier momento. Así como la superficie del océano puede estar tranquila ahora y de repente entra en violentas marejadas, así nuestra paz parece estar siempre en peligro de desmoronarse. Incluso aquellos que tienen todo a su favor —salud, relaciones, riquezas— deben vivir sabiendo que en cualquier momento todo eso puede perderse.

Permitir que Dios ordene las cosas a su manera y en su tiempo es difícil, porque significa soltar asuntos que queremos controlar. Y soltar cosas que realmente necesitan arreglarse puede sentirse como injusticia, irresponsabilidad o indiferencia. En ocasiones, me he sentido culpable por intentar dejar en las manos de Dios las cosas que sé que no puedo cambiar, como si el preocuparme por ellas implicara que estoy haciendo algo positivo. Pero eso no es más que un pensamiento superficial. La serenidad del alma no es igual a mantener el control. Muy por debajo de la superficie del océano hay profundidades que no se afectan por las fuertes tormentas que se agitan en la superficie. Donde solo vemos olas amenazantes, Dios ve el potencial para la calma y el camino hacia la paz y el orden.

¿Has notado lo fácil que es entregar el volante de la vida cuando las aguas están en calma? Es fácil confiar en Dios cuando ya hemos diseñado el resultado que queremos. No es tan fácil —y por eso lo pedimos en nuestras oraciones— decirle a Dios que ya no vamos a persistir en conservar el control absoluto porque confiar en él es mucho mejor.

La paz no comienza con las naciones, ni siquiera con la familia o los amigos. Comienza con nuestra propia relación humilde con Dios. Comienza cuando oramos: «Dios, concédeme tu paz, a tu manera y en tu momento».

Uno de los libros más bellos y profundos que he leído es un pequeño volumen que escribió el sacerdote jesuita Jean-Pierre de Caussade a principios de los años 1700, titulado *Abandonment to Divine Providence,* en el cual su autor traza un camino simple hacia una profunda paz interior a través de la aceptación de la voluntad de Dios en cada momento. Dios está siempre activo, escribe de Caussade, en el «sacramento del momento presente» y nuestra entrega a él es un camino hacia la santidad y la paz.[2] Nosotros, como San Pablo antes de su conversión, a menudo damos «coces contra el aguijón» (Hechos 26.14), rechazando el plan que Dios ha trazado para nosotros, y esto nos produce estrés y ansiedad. La preocupación porque no somos capaces de confiar nos deja inquietos y agitados.

La serenidad para aceptar las cosas que no podemos cambiar implica mucho más que la simple resignación ante nuestra impotencia para alterar una situación dada. Implica aceptar tanto las realidades agradables como las desagradables de la vida como telón de fondo contra el cual, con la ayuda de Dios, estamos proyectando el drama de nuestra existencia. Este telón de fondo lo ha permitido Dios y se adapta perfectamente a su plan para nuestra victoria final. Incluye muchos aspectos que no tenemos el poder para cambiar: nuestra historia, nuestra educación, nuestra formación, nuestra familia, nuestro físico, nuestro temperamento y nuestras inclinaciones. Mucho de esto son simplemente cosas dadas; sin embargo, no solo debemos tolerarlas, ¡sino regocijarnos con ellas! La individualidad de nuestros telones de fondo no son defectos fatales, sino instrumentos preciados que debemos usar en nuestra realización y en la misión que Dios nos ha llamado a cumplir.

A menudo, el mayor obstáculo para la paz de nuestra alma tiene sus raíces en nuestra falta de voluntad para realmente aceptar las cosas que no podemos cambiar. No nos gustan.

Nos frustran. Nuestra incapacidad para cambiar situaciones nos pone de mal humor y nos priva de la paz. Por esta razón, cuando oramos pidiendo serenidad, también estamos pidiendo la gracia necesaria para aceptar las cosas que no podemos cambiar y verlas como parte del plan de Dios para nosotros y como una revelación de su amor. No son simplemente mala suerte ni una barrera insalvable para alcanzar la felicidad o la realización personal. En realidad, una vez han ocurrido, son una parte necesaria para nuestra realización.

Conozco a una joven soltera que no tiene ningún familiar vivo. Su madre se suicidó, su padre murió joven (ella tuvo que tomar la decisión de que lo desconectaran de la máquina que lo mantenía vivo) y finalmente, su única abuela —que había sido como una madre para ella— también murió. Rebecca siempre me recuerda que aunque su relativamente nueva fe en Dios y en el cielo es una profunda fuente de consuelo para ella, su vida sigue marcada por el dolor y la soledad. Aceptar el plan de Dios no significa ausencia de sufrimiento. Hace poco, Rebecca me escribió lo siguiente:

La aceptación no suele ser pasiva. Puede serlo, pero generalmente está basada en la acción. Es una decisión activa de amar a Dios y de confiar más en él, a pesar de todo. Y además, mostrar amor y servir a otros. En esto último todavía tengo trabajo que hacer. La lectura devocional de Oswald Chambers que leí esta mañana me ayudó con esto. Él decía que a menudo el sufrimiento elimina la superficialidad de una persona, aunque no siempre la hace una persona mejor. Cuando nos divorciamos del apego desordenado al yo, podemos llegar a ser «sustento» para los demás.

Lo impresionante en la experiencia espiritual de Rebecca es su intento de entender y amar la voluntad de Dios para ella, a pesar de su intenso dolor. Su lectura devocional diaria y su empeño por «mostrar amor y servir a los demás» son solo dos ejemplos de un compromiso persistente para alcanzar la meta de aceptar —indudablemente, de abrazar— las cosas que no puede cambiar.

El gran teólogo alemán Karl Adam en una ocasión escribió que «la realidad es la expresión de la voluntad del Padre».[3] ¿Acaso no es motivo de consuelo ver la realidad de este modo? La voluntad de Dios —lo bueno que él hace e incluso lo malo que permite que ocurra en este mundo caído— nunca es ni ha sido para nuestra destrucción, sino siempre es para nuestro bien. Recuerda las palabras de Jeremías: «Yo sé los planes que tengo para ustedes, planes para su bienestar y no para su mal, a fin de darles un futuro lleno de esperanza» (Jeremías 29.11).

En cierta ocasión vi un programa de televisión en el que un artista invitaba a niños a garabatear en un lienzo lo que quisieran. El desafío para él era producir algo artístico y hermoso de algo repleto de deficiencias. Me sorprendió la manera en que pudo hacerlo. El artista se paraba frente a los lienzos, daba unos pasos atrás para alcanzar la perspectiva necesaria, se acercaba otra vez y comenzaba a pintar. De repente, lo que parecía sin sentido y hecho al azar pasaba a formar parte de una hermosa obra de arte. Creo que esto es lo que hace Dios con nuestros trastornos y deficiencias cuando se lo permitimos. Como el artista de la televisión, él no borra nuestros garabatos —nuestros pecados— para empezar de cero, sino que los integra en una nueva obra de arte, mucho más hermosa de lo que jamás podríamos haber imaginado.

Señor, permíteme gustar hoy el sabor de tu paz; esa paz que el mundo no puede dar. Ayúdame a aceptar mi pasado en lugar de desear que hubiese sido otro. Ayúdame a buscar tu acción hoy, en el sacramento del momento que vivo.

CAPÍTULO 2

A salvo de toda angustia

En la celebración litúrgica de la Cena del Señor, después del Padrenuestro, oramos que Dios nos «libre del mal y nos conceda su gracia para el día presente de tal manera que podamos estar a salvo de toda angustia». A los ojos de Dios, la angustia y la ansiedad también son enemigas de nuestra alma. Son obstáculos a nuestra capacidad de vivir en su paz, en el día a día, aceptando las cosas que no podemos cambiar.

Jesús les dice a sus discípulos que no se preocupen por las cosas que preocupan a los no creyentes. Les dice que no se impacienten por la comida o el vestuario ni entren en pánico por las preocupaciones del mañana cuando con las de hoy basta. Les dice a ellos —y nos está diciendo a nosotros— que la vida puede ser más simple de lo que la podemos hacer. Luego nos invita a priorizar nuestras preocupaciones, diciendo: «Busquen primeramente el reino», y prometiéndonos que si lo hacemos así todo lo demás se resolverá (Mateo 6.25-34). Jesús nos está diciendo que, en realidad, no hay necesidad de preocuparse; que podemos descansar en paz en la certeza de que las cosas que no podemos cambiar están bajo su control.

Marta, la Santa Buena, hermana de Lázaro y María de Betania, era una anfitriona consumada (Lucas 10.38-41). Cuando el Señor llegaba a su casa, se esforzaba a fin de que todo estuviera perfecto para él, sin importar los sacrificios para lograrlo. Sin embargo, su exagerada preocupación por ofrecerle lo mejor al Maestro le ponía los nervios de punta y, paradójicamente, terminaba siendo descortés con su tan apreciado huésped. Frustrada porque su hermana María la dejaba sola con los quehaceres prefiriendo sentarse a los pies del Maestro y disfrutar de su compañía, Marta confronta a Jesús exigiéndole que obligara a su hermana a que la ayudara. Conociendo el buen corazón de Marta, Jesús la reprende suavemente: «Marta, Marta, estás preocupada y te inquietas por demasiadas cosas. Pocas son necesarias, en realidad, solo una».

Jesús no nos aconseja que seamos irresponsables. No nos sugiere que nos presentemos al trabajo solo cuando nos dé la gana o que dejemos de planear nuestro presupuesto familiar. Nada en el evangelio describe a Jesús como diciendo: «No te preocupes, vive y deja vivir». Jesús simplemente nos invita a reorganizar nuestras preocupaciones y a reconocer que muchas de las cosas que nos causan problemas en realidad no merecen que gastemos energía en ellas, sino que utilicemos esa misma energía en lo que realmente vale la pena.

¿Qué es lo que más me angustia y me roba la paz del alma? ¿Es realmente tan importante como me parece? La mayoría de las cosas que parecen ser emergencias en el momento se olvidan dentro de unos pocos días, e incluso a veces en unas pocas horas. Lo que me tenía hecho un manojo de nervios la semana pasada ya está olvidado, enterrado como una ciudad en el desierto bajo las arenas del tiempo. Algo que me parecía tan grave en un momento puede ser borrado de mi memoria poco tiempo después.

Un paso importante en el ejercicio espiritual para superar la angustia o la ansiedad es decidirse a creer que no estamos solos, y luego seguir adelante con esa convicción. Si todo dependiera de uno, sería una carga terriblemente pesada de llevar. Si nuestro futuro y el futuro de nuestra familia se basaran únicamente en la fuerza y en las cualidades personales, ¿cómo podríamos esperar tener éxito? Pero, ¿realmente depende *todo* de nosotros? Absolutamente, no. El viejo refrán «haz lo mejor que puedas y olvídate del resto», correctamente interpretado, es verdad. ¿Por qué preocuparte por lo que no puedes cambiar? Sin embargo, el refrán va aun más allá cuando «hacer lo mejor que puedas» incluye entregarle a Dios la causa de nuestra angustia dejando que él se haga cargo del resto. Justo como en un negocio en el que hay socios minoritarios y principales, y el socio principal tiene la responsabilidad final y el poder, así ocurre en la vida cristiana. Cuando hemos hecho nuestro mejor esfuerzo, podemos olvidarnos de lo demás porque sabemos que nuestro Socio Principal en el negocio de la vida —el Espíritu Santo— tiene todo bajo control.

La letra de la canción «I Offer My Life» [Ofrezco mi vida] de los compositores Don Moen y Claire Cloninger expresa muy bien esa entrega total de nuestra ansiedad al Señor.

Todo lo que tengo, todo lo que soy
Lo deposito ante ti, oh Señor
Todos mis lamentos, todos los aplausos
El gozo y el dolor, los estoy haciendo tuyos, Señor.

Te ofrezco mi vida,
Úsala para tu gloria,
Te ofrezco mis días
Elevo mi alabanza a ti
Como un sacrificio agradable
Te ofrezco mi vida, Señor.[1]

Los grandes santos de la Biblia sabían cómo hacerlo. San Pedro nos invita a poner nuestras preocupaciones sobre los hombros de Jesús y a confiar en él. «Dejen todas sus preocupaciones a Dios, porque él se interesa por ustedes» (1 Pedro 5.7). Esto es profundamente consolador.

Sin embargo, ¿deberíamos realmente poner todo esto al cuidado de Dios? ¿No deberíamos pedirle permiso antes de echar nuestra carga sobre él? Su permiso ya lo tenemos. De hecho, esto es lo que él nos pide que hagamos. «Vengan a mí todos ustedes que están cansados de sus trabajos y cargas, y yo los haré descansar» (Mateo 11.28). No sé si en la Biblia haya palabras más consoladoras que estas. Nos dicen que Jesús entiende que estamos cargados y ansiosos, y que él simpatiza con nosotros. Nos quiere ayudar y nos invita a acudir a él. Y continúa: «Acepten el yugo que les pongo, y aprendan de mí, que soy paciente y de corazón humilde; así encontrarán descanso. Porque el yugo que les pongo y la carga que les doy a llevar son ligeros» (Mateo 11.29-30). En un sentido, pareciera que Jesús nos está pidiendo que intercambiemos la carga con él. Él quiere tomar la nuestra y en su lugar nos ofrece el suave yugo de seguirlo.

Todo lo que tengo, todo lo que soy
Lo deposito ante ti, oh Señor
Todos mis lamentos, todos los aplausos
El gozo y el dolor, los estoy haciendo tuyos, Señor.

CAPÍTULO 3

Trabaja como si todo dependiera de ti y ora como si todo dependiera de Dios

Decidir entregarle a Dios nuestras inquietudes y preocupaciones acerca de las cosas que no podemos cambiar no nos hace personas pasivas. De hecho, nos hace más eficientes. Nuestra mente se vuelve más clara para actuar con prudencia y hacer lo que sabemos que podemos y debemos hacer.

¿Te acuerdas de las fábulas de Esopo? Esopo fue un frigio que vivió en el siglo VI antes de Cristo. Aunque, obviamente, no tuvo la ventaja de haber oído de la vida y el mensaje de Jesús, las fábulas moralizantes que se le atribuyen están llenas de verdades fundamentales sobre la condición humana, incluido el valor del trabajo duro y la vida responsable. En su fábula «La hormiga y el saltamontes» cuenta de una hormiguita muy trabajadora que pasa el verano transportando alimentos hasta su hormiguero, preparándose para el largo invierno. Todos los días camina penosamente y pasa ante un saltamontes que dedica sus días de verano a tocar su violín y a ridiculizar a la hormiga trabajadora por su necedad. De hecho, según transcurre el verano, luce como que el saltamontes es el más sabio de los dos, pues vive sus días comiendo, bebiendo y divirtiéndose mientras la pobre hormiga no descansa de tanto trabajar.

No obstante, como seguramente recuerdas, al fin el invierno llegó y las cosas cambiaron radicalmente. Ahora es la hormiga la que tiene la sartén por el mango, disfrutando el fruto de su trabajo. El saltamontes, con frío y hambriento, queda reducido a un pordiosero mientras la hormiga descansa cómodamente y bien alimentada en su hormiguero.

La serenidad que buscamos no es producto de la irresponsabilidad. No es ignorando nuestros deberes que encontraremos paz para el alma. Todos hemos conocido a personas que, como el saltamontes de la fábula, no saben cómo vivir responsablemente o simplemente no lo hacen. Usan y abusan de las tarjetas de crédito sin saber cómo las van a pagar o viven de la generosidad de otras personas, porque no se han tomado la molestia de ahorrar cuando pudieron hacerlo.

Tenemos razón cuando rechazamos la idea de que la serenidad es compatible con —o peor aún, es el fruto de— la indiferencia a cómo deberían ser las cosas. Sin embargo, la serenidad tampoco está en lo contrario: sentirnos culpables de no estar dependiendo de Dios cuando trabajamos duro y tratamos de alcanzar nuestras metas. La virtud aquí radica en el punto medio: establecer buenos objetivos e ir tras ellos con entusiasmo, sin vivir como si todo dependiera de nosotros o preocupándonos constantemente sobre el futuro.

Otro adagio viene inmediatamente a la mente en este sentido. Este es un «proverbio hermano» de la Oración de la Serenidad que tiene muchos años más y se le atribuye al fundador de los jesuitas, el español Ignacio de Loyola. Él aconsejó: «Trabaja como si todo dependiera de ti y ora como si todo dependiera de Dios». Entonces, cuando trabajamos, lo hacemos entendiendo la importancia de la parte que nos corresponde a nosotros; sin embargo, cuando oramos, solo tenemos que recordar que sin Dios, ni siquiera nuestro trabajo nos salvará. La oración es un contrapeso necesario de nuestra acción y nos debe recordar quién es, en última instancia, el responsable de todo. Como Jesús retóricamente nos pregunta: «En todo caso, por mucho que uno se preocupe, ¿cómo podrá prolongar su vida ni siquiera una hora?» (Mateo 6.27). En otras palabras, estamos llamados a planificar, ahorrar y trabajar todo el tiempo, sabiendo que estamos en sus manos. Dios nos pide fidelidad, no éxito.

La serenidad que buscamos viene en parte de saber que hemos hecho todo lo posible y que el resto depende de Dios. Hay una verdadera paz del alma que llega cuando sabemos que hemos hecho nuestro mejor esfuerzo. Como un agricultor que ha labrado su campo y sembrado su semilla y se sienta a esperar a que los cultivos crezcan, cuando hemos hecho nuestra parte podemos descansar con la seguridad de que los frutos de nuestro trabajo dependerán en última instancia de Dios. La vida cristiana puede concebirse como un esfuerzo cooperativo, como una sociedad limitada, o incluso como una empresa conjunta, con Dios como el socio principal que trabaja junto a nosotros y compensa nuestras deficiencias.

Me gusta jugar al golf. Además de la emoción que se siente al tratar que una pequeña bola blanca entre en un agujero en el suelo a varios cientos de yardas de distancia, es para mí una experiencia espiritual en más de un sentido. Cuando veo un campo de bonito diseño o un magnífico paisaje natural, me conecto con la grandeza de Dios. Y en las raras ocasiones en que consigo un buen golpe, me emociono al ver cómo puedo entrenar mi mente y mi cuerpo para hacer lo que deben y empiezo a pensar que algún día podría llegar a ser un golfista regularmente bueno. Es cierto que esta esperanza difícilmente podría calificar como una aspiración espiritual, pero hay más. El golf, como ningún otro deporte, permite tener conversaciones importantes, en un ambiente relajado, con gente con la que no podrías hablar en otra circunstancia.

Durante un retiro de escritores cerca del Lago Tahoe, me invitaron a jugar en un nuevo y magnífico campo de golf llamado *Clear Creek Tahoe*. Es una joya desconocida que estoy seguro de que pronto será descubierta por los expertos del golf como un campo de clase mundial. Cada hoyo está ubicado artísticamente según el contorno natural por el lado de Nevada de las Sierras.

Después del primer hoyo, supe que por las próximas tres horas estaría en un pequeño pedazo de cielo. Lo que no sabía entonces era que también sería trasladado espiritualmente tanto por la conversación con mi anfitrión como por sus consejos sobre las técnicas del golf.

No había conocido antes a Colin, pero su bondad natural y su talento como profesional de la enseñanza me cautivaron de inmediato. Como él sabía que yo era sacerdote, poco a poco la conversación giró a la religión, como suele ocurrir. Me preguntó cómo había decidido ser sacerdote. Y cuando en seguida me preguntó si mis padres eran también sacerdotes, me di cuenta que él no era católico; no obstante, pude sentir sus ansias de saber más de Dios y de la fe. Más adelante en la conversación me dijo que él había crecido en un hogar sin religión, pero que desde pequeño siempre lo había fascinado la oración y que entrar a un templo le traía paz. Un tema llevó a otros y pronto, ante su insistencia, nos enfrascamos en una profunda conversación sobre la mortalidad, el cielo, Dios, la oración, la fe y la razón y el sentido de la vida. Sin duda alguna yo no habría planeado, ni siquiera alentado, una conversación así en un campo de golf, pero la humildad de Colin, su sinceridad, su franqueza y su aguda inteligencia hicieron que la charla fluyera en forma natural. Estoy seguro de que aprendí de él tanto más de lo que dijo que había aprendido de mí.

Creo que fue en la yarda 590 y en el hoyo trece, irónicamente llamado «Contemplación», que Colin relacionó una técnica de golf con la forma en que debemos vivir la vida. Comenzó haciendo un comentario sobre mi swing. «Todo es cuestión de tempo», dijo. «Cuando lo demás falla, solo recuerde: tempo, tempo, tempo». En la jerga de golf eso significa reducir la velocidad de tu swing y dejar que el palo haga el trabajo por ti. Añadió: «Recuerde, existe una razón para llamarle "swing" y no "pegada". En el golf tenemos catorce palos en nuestra bolsa, pero solo se necesita un swing. Si logra reducir la velocidad y se mantiene fuera del camino del palo, el resto lo hará él solo». Luego, mirando hacia arriba y con una amplia sonrisa, dijo: «Supongo que eso se parece un poco a la vida».

Colin tiene muchísima razón. Cuando tratamos de forzar nuestra voluntad, cuando queremos forzar el proceso, cuando no somos capaces de salirnos del camino, cuando actuamos de una manera un día y de otra al siguiente, es cuando las cosas salen mal. Por otro lado, cuando estamos seguros de nuestra posición ante Dios y ante los demás, cuando nuestra principal aspiración es llegar al cielo y llevar con nosotros a la mayor cantidad de personas posible, entonces la vida se torna bastante sencilla. Esta sencillez nos permite afrontar con mayor facilidad lo que se nos presente en el camino. Un cristiano comprometido que enfrenta vergüenza o fama, triunfo o derrota, enfermedad o salud, crisis financiera o riqueza, no permite que la vida se le haga trizas, porque estas experiencias no lo cambian y su máxima aspiración sigue a su alcance.

Ya sea que por nuestra personalidad tendamos a ser más como la hormiga de Esopo (¿tal vez nos preocupamos demasiado?) o su saltamontes (definitivamente irresponsables), es posible cambiar. Podemos decidirnos a trabajar como si todo dependiera de nosotros y a orar como si todo dependiera de Dios. Trabajar y orar de esta manera nos llevará a aceptar las cosas que no podemos cambiar.

Querido Señor, hoy voy a tratar de colaborar con tu plan para mí, procurando lo mejor en cada cosa que haga. Agradecido por la vida y el tiempo, voy a trabajar con ahínco según las prioridades y, a la misma vez, porque estoy seguro de que tú estás en control, voy a tratar de enfocarme más en tratar a mi prójimo con bondad y respeto que en las tareas que están en mi agenda.

CAPÍTULO 4

La paciencia conduce a la paz

Un viejo poema sobre la paciencia atribuido a John Dewey dice:

*La paciencia es una virtud,
Hazla tuya si te atreves,
Rara vez encontrada en las mujeres,
Nunca encontrada en los hombres.*

Como casi todas las generalizaciones, esta no es del todo cierta, pero sí expresa de forma capciosa la realidad de que la paciencia es tan rara como buena. Y es buena porque es la precursora de la serenidad.

Cuando pensamos en la paciencia, por lo general pensamos en la capacidad de no rendirse y en esperar por el momento preciso; sin embargo, la paciencia es mucho más que eso. La paciencia (del latín *patior*, «sufrir»), en realidad significa la capacidad de soportar las pruebas. Yo prefiero la definición que ofrece *Dictionary.com*: «Soportar la provocación, el fastidio, la desgracia o el dolor sin queja, pérdida de temperamento o enfado». Eso lo resume bastante bien. Visto así, podemos entender por qué la paciencia es una virtud tan importante si queremos lograr una verdadera paz del alma. Siempre nos van a ocurrir cosas difíciles y malas, pero si cada cosa mala que nos ocurra nos va a poner de mal humor, entonces estaremos a merced de la fortuna, subiendo y bajando con nuestra suerte en la vida. Si cualquiera que nos sale al camino puede robarnos la paz del alma, ¿qué clase de paz es esa? Si nos sentimos felices cuando las cosas van bien y de un pésimo humor cuando no, nunca vamos a encontrar la serenidad verdadera y duradera.

Esto es cierto acerca de las cosas grandes que pueden salir mal en la vida, pero también lo es con respecto a las pequeñas. Sin darle muchas vueltas al asunto, puedo pensar en un par de razones insignificantes que me molestan más de lo que debieran. No me gustan las reuniones muy largas. No me gustan las conversaciones telefónicas de nunca acabar. Realmente no me gusta el más mínimo indicio de pasividad-agresividad. Si lo pienso un poco más, de seguro que encontraría otras cosas que no me gustan. Pero adivinen qué. No tengo la menor duda de que hay personas que se molestan por mi tendencia a eludir las reuniones largas y las llamadas telefónicas de nunca acabar y por la forma en que respondo a esos comportamientos pasivos-agresivos.

Si optamos por enfocarnos en lo que nos molesta, nunca tendremos paz. Estaremos a merced de los que nos rodean. La serenidad para aceptar las cosas que no podemos cambiar debe incluir la capacidad de ser pacientes con estas cosas y decidir que no alterarán el estado de nuestra mente y nuestro corazón. Durante las reuniones largas, oro: «Señor, concédeme una pequeña porción extra de la paciencia que tienes todos los días para mí».

Como es imposible evitar todos los problemas en la vida, tenemos la opción de decidir cómo vamos a hacerle frente a lo que se nos presente. Podemos vivir sumidos en la amargura y el dolor, ya sea por problemas reales que nos afligen o por el miedo a que alguna contrariedad pudiera estar esperándonos a la vuelta de la esquina. O podemos elegir vivir en paz a pesar de nuestras pruebas y tribulaciones reales teniendo la confianza de que nada nos puede ocurrir que no podamos manejar con la gracia de Dios.

Cuando hablamos de la serenidad para aceptar las cosas que no podemos cambiar, obviamente nos estamos refiriendo sobre todo a las cosas negativas que no podemos cambiar, y también estamos hablando de paciencia; es decir, de la capacidad para vivir en una paz duradera a pesar de los aspectos negativos de nuestra vida que cambiaríamos si pudiéramos.

Aunque no seas un experto en el manejo de la Biblia, probablemente estés familiarizado con el famoso «Himno a la Caridad» de San Pablo en el capítulo decimotercero de su primera carta a los corintios. Quienquiera que haya asistido a una boda cristiana lo habrá oído como una exhortación a las parejas para comenzar su vida de casados con un amor verdadero del uno para el otro. Pablo enumera una serie de cualidades del amor: «El amor es ... bondadoso» (NVI), dice. «El amor no es envidioso ni jactancioso ni orgulloso. No se comporta con rudeza», añade. Y así sucesivamente: «No se comporta con rudeza, no es egoísta, no se enoja fácilmente, no guarda rencor. El amor no se deleita en la maldad sino que se regocija con la verdad». Pero de todas estas cualidades maravillosas, la que encabeza la lista es la paciencia. «El amor es paciente», comienza diciendo Pablo. De hecho, nunca podremos amarnos realmente si no somos capaces de soportar las fallas y deficiencias de la otra persona. El amor que es no paciente no es verdadero amor. ¿Y cómo podemos ser verdaderamente pacientes si somos incapaces de amar?

Si el amor es paciente y Dios es amor, se deduce que Dios es paciente. Esta lección la aprendí de un caballero en una de mis parroquias anteriores. Scott y su esposa Jill estaban atravesando una crisis muy seria cuando él vino a verme buscando consejo espiritual. Poco después de casarse, Scott se dio cuenta que la falta de control y los estallidos de ira de su esposa eran mucho más serios de lo que había pensado. Mientras eran novios, había visto ciertos indicios de lo que pensó que podría ser un problema, pero no era nada parecido a lo que ahora estaba viviendo. Lo que solían ser desacuerdos racionales ahora eran ataques a gritos que en momentos se convertían en agresión física. A lo largo de la jornada de trabajo, Jill le enviaba un sinnúmero de mensajes de textos urgentes con la intención de volverlo a involucrar en el asunto de su previa discusión. Cuando Scott vino a verme era un hombre quebrantado. Le avergonzaba que su nuevo matrimonio se estuviera desmoronando tan rápidamente. Se sentía como un pésimo marido y temía por su hija recién nacida y el impacto sicológico que tendría en ella el crecer en un ambiente tan hostil.

Después de un par de sesiones de consejería espiritual, les recomendé ver a un terapeuta de familia. Tal como Scott temía, Jill se negó. No obstante, tres meses más tarde, cuando Scott se fue a vivir a un hotel para escapar de la violencia de su entorno familiar, Jill accedió a ir, por una sola vez, a la consulta de un consejero. Finalmente, aquella visita llevó a Jill a un diagnóstico de trastorno bipolar. Cuando Scott vino a decírmelo, tenía una sonrisa de oreja a oreja. Estaba seguro de que se había logrado un gran avance. ¿Por qué no iba a estar contento? Pero, en realidad, las cosas no mejoraron. Jill rechazó el diagnóstico del médico y se negó a recibir tratamiento. Para mí, eso sonaba como una noticia terrible, pero Scott lo veía de manera muy diferente. «Mi esposa está enferma», me dijo. «La mujer con la que me casé y a la que amo necesita a un médico. La razón por la que no quiere seguir las indicaciones del médico es porque su enfermedad le hace creer que no está enferma. Eso no es culpa de ella; solo significa que tengo que trabajar con más ahínco para conseguir su mejoría sin que ella colabore».

Seis meses más tarde, Scott vino a verme. Cuando le pregunté cómo estaba, me respondió que muy bien.

«¿Y Jill?».

«Ella todavía está muy enferma, y sigue sin querer ayuda. Pero creo que está llegando al punto donde querrá volver al consejero o al médico». Aquello no me sonó muy bien. En muchos sentidos, las cosas parecían haber empeorado para Scott. Jill tenía más razón para pensar que su esposo y el doctor se habían puesto de acuerdo para convencerla de que necesitaba ayuda. Al pensar así, tenía más razones para estar enojada. Pero nunca olvidaré la madurez espiritual que Scott demostró en aquella reunión. Todavía estaba quebrantado, pero ya no estaba desesperado. Le pregunté: «¿Cómo te va, Scott? ¿Estás bien?».

«Sorprendentemente, de verdad me siento bien», me respondió. «El primer punto crucial fue darme cuenta que Jill estaba enferma. Sin embargo, el gran momento llegó mientras me encontraba sentado solo en la iglesia en el camino de regreso a casa. Estaba tratando de recibir las fuerzas para llegar a mi hogar y enfrentarme a Jill. Y no sé qué pasó. No fue una voz del cielo ni nada, pero de pronto pensé en lo paciente que Dios había sido conmigo a lo largo de mi vida. De repente, me vi a través de los ojos de Dios, como el paciente enfermo necesitado de paciencia. Cuando llegué a casa aquel día, abracé a Jill por primera vez en muchos meses. Y desde entonces todos los días he tratado de hacer algo especial; una sorpresa llena de amor para ella. A veces lo toma de mala manera. Pero en el fondo sé por qué lo estoy haciendo. Como seguidor de Jesús, quien ha llevado la carga de mi pecado, estoy llamado a llevar pacientemente la carga de la persona que amo».

La paciencia también comprende la capacidad de esperar. Una de las dificultades de la paciencia es la lentitud con que algunas cosas ocurren. En este sentido, la paciencia es también una virtud bíblica. A lo largo de los salmos se nos dice que debemos aferrarnos a la promesa de la venida del Señor. Por ejemplo, Salmos 27.14 nos exhorta diciendo: «¡Ten confianza en el Señor! ¡Ten valor, no te desanimes! ¡Sí, ten confianza en el Señor!». La espera exige valor, valentía de espíritu. Si no esperamos, no recibiremos muchas de las bendiciones que el Señor tiene para nosotros. El Señor no es un Dios de soluciones rápidas y de cambios de aceite espirituales en quince minutos, sino que es un Dios de plazos largos y promesas eternas. Por lo tanto, ¡tenemos que ejercitar nuestra paciencia no solo entre nosotros, sino también con Dios! Al final, es esperando al Señor que aprendemos a confiar en él, porque a la larga, él siempre responde.

La buena noticia es que la paciencia es una virtud ricamente recompensada. Dios es fiel. Él cumple sus promesas.

Señor, la verdad es que no soy muy paciente; sin embargo, hoy voy a llevar con fe y amor cualquier carga que permitas, por amor a ti y amor a las personas que me rodean. Concédeme la gracia para esperar con esperanza anhelante, pues sé que tú eres fiel a tus promesas.

CAPÍTULO 5

Dios nunca nos dejará solos

Cuando hablamos de aceptar las cosas que no podemos cambiar, estamos reconociendo nuestra impotencia ante muchas de las realidades de nuestra existencia. No podemos ser más altos (la percha lamentablemente nunca funcionó), no podemos ser más inteligentes (aunque ver menos televisión tal vez ayude), no podemos ser más jóvenes (no importa cuántas horas pasemos en el gimnasio), y no podemos ser más bonitos (esos intentos generalmente salen al revés). Pero este es solo el comienzo. Si fuéramos a hacer una lista de las cosas en la vida que no podemos cambiar, tendría kilómetros de largo. No podemos resolver el hambre del mundo, no podemos solucionar el déficit fiscal, no podemos curar el cáncer, y no podemos cambiar a los demás. Cuando se llega a este punto, la lista de lo que *no podemos* cambiar simplemente supera por mucho aquellas que *sí podemos* cambiar.

Pensar en el desbalance entre lo que podemos cambiar y lo que no podemos cambiar sería deprimente si no reconociéramos la presencia y la acción de Dios en nuestras vidas y en el mundo. Si solo quisiera, Dios podría cambiar todo; ahora bien, si no quiere hacerlo, entonces no tenemos que preocuparnos.

Tenemos esta confianza porque Dios nos dice vez tras vez en las Sagradas Escrituras que él está con nosotros, que él se preocupa por nosotros y que él proveerá todo lo que nos falta. En Salmos 23, el salmista nos dice: «No temeré peligro alguno, porque tú, Señor, estás conmigo».

Vivir con fe en la presencia constante de Dios crea el contexto para hacerle frente a la realidad de nuestras limitaciones. Hemos sido educados para creer que somos libres. Vivimos en un país libre, tenemos libre voluntad, y vamos a donde nos plazca, sin restricciones. Sin embargo, la honestidad nos obliga a reconocer los límites reales a nuestra libertad. Hay muchísimas cosas que simplemente no podemos hacer. A veces estamos limitados por imposibilidades lógicas (como no poder hacer un cuadrado de un círculo), otras veces nuestras limitaciones son físicas, y otras veces son intelectuales o morales.

Aceptar las cosas que no podemos cambiar comienza con reconocer esta realidad imperfecta. Antes de llegar a la serenidad, el valor y la sabiduría, tenemos que enfrentar los hechos. Hay cosas en nuestras vidas que no son correctas. Pocas personas realmente aman su trabajo. El matrimonio, hasta uno bueno, a menudo es más difícil de lo que habríamos imaginado en el día de la boda. Y nuestros vicios y hábitos —todo eso que nos impide ser mejores personas y más exitosos— son reales y están presentes. A medida que la vida se va desarrollando, estas realidades nos obligan a revisar los sueños y las expectativas que teníamos cuando éramos jóvenes.

Nuestras limitaciones e imperfecciones nos pueden llevar a adoptar una cosmovisión de hastío en la medida en que nuestros ideales se reducen y la realidad parece más y más un trabajo pesado. Sin embargo, esto no tiene por qué ser así; un conocimiento más profundo de nosotros mismos y la aceptación nos pueden llevar hacia una fe más profunda.

Lejos de disminuir nuestra dignidad como personas, los límites a nuestra libertad impuestos por nuestra realidad actual pueden ennoblecernos. Nuestra debilidad nos permite necesitar a otros y ocupar nuestro lugar ante Dios aceptando la verdad de nuestra dependencia de él. En el transcurso de nuestras vidas, ese «individualismo fuerte» que idolatramos se torna en algo así como una farsa. El ser humanos implica ser frágiles y, esencialmente, somos más frágiles de lo que estamos dispuestos a admitir.

Si todavía no hemos entregado completamente nuestras vidas a Dios, nuestra fragilidad es una buena razón para tener miedo. Sin embargo, cuando aprendemos a orar como Jesús nos enseñó («venga tu reino, hágase tu voluntad, en la tierra como en el cielo»), nuestra fragilidad se convierte en nuestra fuerza; y entonces seremos lo suficientemente fuertes como para pedir la intervención de Dios. Seremos lo suficientemente fuertes como para reconocer que somos débiles. Seremos lo suficientemente fuertes como para clamar a Dios como hijos necesitados. Seremos lo suficientemente fuertes como para orar que Dios haga su voluntad, sin importar cuál sea. En esto consiste el genio espiritual de la impactante afirmación de San Pablo: «Porque cuando más débil me siento es cuando más fuerte soy» (2 Corintios 12.10).

Las palabras que siguen del Padrenuestro requieren aun más humildad: «Danos hoy nuestro pan de cada día...». Jesús no nos dice que oremos pidiendo una buena jubilación. No nos dice que oremos pidiendo riquezas. No nos dice que oremos pidiendo soluciones finales. En lugar de ello, nos dice que pidamos lo que necesitamos hoy. El Dios del universo, que podría proveer para cada necesidad imaginable, quiere que seamos alimentados por él un día a la vez.

Puesto que Dios, por definición, es perfecto y no necesita de nosotros, su deseo para que vivamos por medio de él, día a día, debe ser para nuestro propio bien. He visto a muchas personas comunes y corrientes llegar a ser almas santas y felices, precisamente a través de la experiencia de ser dependientes del «pan cotidiano» de Jesús. Por muchos años, mi tío Dexter fue parte de una importante firma de arquitectos en la ciudad de Nueva York. Como un autodenominado adicto al trabajo, Dex trabajó largos días y muchos fines de semana dando el cien por ciento de sí mismo para el éxito de la empresa. Sin embargo, como resultado de la crisis financiera del 2008, las nuevas construcciones en Nueva York se redujeron considerablemente y la empresa de Dex se vio obligada a reducir su tamaño y, finalmente, a cerrar sus puertas. Así, ya en sus sesenta años de edad, Dex se encontró desempleado y en un mercado de trabajo que prefería a profesionales jóvenes que estuvieran dispuestos a trabajar por nada. Durante más de un año, mi tío Dex buscó una nueva posición sin resultado. Él y su esposa, mi tía Mary Ellen, de mala gana tomaron la decisión de salir de la ciudad y mudarse a Texas, en busca de nuevas oportunidades. Aquello fue un rudo golpe personal y profesional.

Casi inmediatamente después de llegar a Austin, tío Dex cayó muy enfermo. Empezó a perder peso y no tenía energías. Tenía mucho dolor. Mes tras mes, y luego años tras año, mi tía y mi tío trataron toda consulta médica, hospital y procedimiento que pudiera ofrecerles un diagnóstico claro. Sin embargo, hasta la fecha, no han encontrado una respuesta clara. Dex aún vive con más dolor del que cualquiera de nosotros hayamos conocido.

Lo que mucha gente no sabe es que durante su último año en la ciudad de Nueva York y los primeros meses en Austin, Dios estaba trabajando horas extras en el alma de Dex y mi tío estaba cooperando. Sin que nadie lo supiera, comenzó a visitar la iglesia otra vez y entró en un curso de educación religiosa para adultos. Él mantuvo en secreto su jornada de fe, mientras discretamente le abría su alma a Dios.

No entendí ni la seriedad de la condición de salud de tío Dex ni la intensidad de su jornada espiritual hasta que los visité por unos días en Austin. Fue entonces cuando escuché a Mary Ellen y a Dex contarme sobre cómo orar por «el pan de cada día» —la gracia de Dios para el momento presente— había transformado sus vidas. Así fue como, más adelante, Dex me describió su experiencia en una carta:

Hola Jonathan:

Creo que te mencioné las muchas veces que entré a la Iglesia de San Ignacio en mi camino al Parque Central durante nuestro último año en Nueva York. Al hacerlo, no esperaba ni deseaba nada. Creo que fue entonces cuando recibí el don de saber que pase lo que pase, Dios me ama, y mi amor por él garantiza sin duda que cada día esté completo y lleno con todo lo que pueda desear. Fue un regalo hermoso y oportuno, recibido en la casa de Dios que yo conocía y a la que pertenecía.

Este regalo se reafirmó en mi corazón cuando más tarde me confirmaron en la iglesia.

Más o menos al mismo tiempo de mis visitas personales a esa iglesia, un sacerdote que sabía que nos íbamos a mudar de Nueva York con la ansiedad de no saber si encontraría pronto un trabajo, nos habló a Mary Ellen y a mí acerca de hacer planes. Nos recordó que planificar el futuro es bueno... pero que no debíamos adelantarnos demasiado. Es nuestra vida diaria juntos, amándonos mutuamente, amando a Dios y a nuestro prójimo, lo que mantendría el pan diario fresco y nutritivo. Si planificas con demasiada anticipación... el pan se te pondrá rancio. Luego añadió: «¡Ya saben, como el maná que ha caído al suelo y se queda allí y se pudre!». Y se rió.

Nunca olvidaremos tan cariñosa despedida.

Aquí no terminaba la carta del tío Dex; sin embargo, antes de seguir con la lectura, ¿puedes ver la forma en que Dios estaba trabajando entre bastidores en su vida? El objetivo de Dex era bueno y urgente: encontrar un nuevo trabajo. Pero el objetivo de Dios para él era mucho más grande y aun más importante: darle la paz duradera que estaba buscando a través de una relación personal con él. Dios también lo estaba preparando para un desafío mucho mayor que pronto tendría que enfrentar.

Luego llegó mi enfermedad inesperada. El tedioso proceso de recuperación —y los efectos colaterales que siguen demandando atención— me han dado a mí (y a Mary Ellen) una comprensión más amplia del mensaje de nuestro amigo sacerdote en Nueva York sobre recibir «hoy nuestro pan de cada día».

Vi cuán preocupados estaban mis amistades y mi familia por mi enfermedad... nunca antes me habían visto así de enfermo. Mi hijo Matt me dijo: «Papá, no te pareces a ti. Nunca antes habías estado enfermo». Y pude ver su incredulidad y sentir su miedo y su confusión.

El amor de Mary Ellen y su determinación de verme recuperado nos acercó mucho más el uno al otro.

Sin embargo, en cada miembro de mi familia y algunos amigos —preocupados, confundidos, amorosos, solidarios— también veía el sufrimiento que mi enfermedad les estaba causando.

Yo trataba de mostrar progreso. Cada domingo por la mañana me encargaba de las reuniones de educación religiosa para adultos que se preparan para la confirmación. Celebrábamos todos los cumpleaños; el Día de la Madre, el Día del Padre y otros días especiales los transformábamos en ocasiones felices; organizábamos barbacoas y tardes en la piscina, y esto nos reunía para pasar momentos alegres.

No obstante, la preocupación y el sufrimiento de la familia, los momentos de incomodidad —al parecer sin importancia— que son simplemente una parte del intento de conectarnos con el dolor y el sufrimiento de un ser querido, la pérdida de la sensación de comodidad en la rutina diaria y la estabilidad de la familia, todo estaba allí. Y yo me preocupaba aun más por el efecto que mi enfermedad tenía sobre las personas que estaban cerca de mí.

Sin embargo, en medio de este nuevo reto tan importante, al final de cada día —y sin saber lo que traería el inicio de un nuevo día o cómo terminaría— Mary Ellen y yo dábamos gracias a Dios por su gran regalo del pan de ese día: gracia inesperada o bendición, fuerza inexplicable, apoyo.

El «regalo» era invisible e inconmensurable. Sin embargo... el regalo estaba en nuestro corazón... su poder protector recibido en la iglesia... su presencia... siempre allí, igual que el amor de Dios siempre está ahí.

La mayor gracia de Dex fue haber aprendido, por experiencia, que Dios nunca nos deja solos y que si se lo permitimos, él nos da todo lo que necesitamos no solo para atravesar la prueba, sino para llegar a ser mejores personas gracias a ella.

Dios juega un papel mucho más importante en nuestras vidas de lo que jamás entenderemos. Él está activo incluso cuando no podemos verlo. Jesús compara esta acción del Espíritu Santo con el viento (Juan 3.8): al viento no podemos verlo; solo podemos experimentar sus efectos. El papa Benedicto XVI escribió una vez que «Dios no es prisionero de su propia eternidad, ni se limita solo a lo espiritual... él es capaz de operar aquí y ahora, en medio de mi mundo».[1] Tan lejos como a veces puede parecer, en realidad está más cerca de lo que podríamos imaginar. Él es nuestra roca y nuestra fortaleza. Mientras más confiamos en él, mayor es la paz que sentimos.

Así que nuestra incapacidad para cambiar algunas cosas no significa inactividad, renuncia, fatalidad o derrotismo, sino más bien un realismo vigorizante. Aceptamos la aventura de la vida humana tal como es, con todo su esplendor y misterio. También nos desafía a crecer en nuestra confianza en Dios. Él va a cambiar lo que quiera cambiar, y nosotros simplemente debemos trabajar con el resto tal como es, sabiendo que no estamos solos.

El programa de los doce pasos, originalmente desarrollado por Alcohólicos Anónimos, reafirma el principio de aceptación serena de lo que somos incapaces de cambiar, junto con un acercamiento a Dios en absoluta confianza. El primer paso requiere una admisión franca de nuestra impotencia absoluta, y específicamente —en el caso de AA— una incapacidad para superar el alcoholismo. En el segundo paso reconocemos un «Poder Superior», un poder «más grande que nosotros», como el único que puede resolver el problema. Y el tercer paso comprende «una decisión de poner nuestras voluntades y nuestras vidas al cuidado de Dios, como lo entendemos [a él]». Sea que suframos o no de alguna adicción, admitir que somos impotentes sobre muchas cosas es un paso gigante hacia la paz interior, porque nos lleva a apoyarnos con confianza en el verdadero Poder que puede cambiar todas las cosas. En el corazón de esta lección espiritual está la verdad de que Dios es real y supremamente bueno. No comenzamos la Oración de la Serenidad tornándonos hacia nuestro interior, sino volviéndonos hacia afuera y dirigiéndonos a Dios como «Señor». Reconociendo nuestra necesidad, le pedimos: «Señor, concédeme...». Actuamos basándonos en nuestra fe en la existencia de Dios, en su poder para ayudarnos y en su promesa de que él actuará.

Señor, te doy gracias por todo lo que hay en mi vida que revela mi necesidad de ti. Encomiendo a tu cuidado no solo mis esperanzas y mis anhelos, sino también mi fragilidad y mi pecado. Tómalo, Señor, recibe todo lo que soy y lo que quiero ser. Hoy me recordaré que jamás me has dejado solo y que siempre estarás a mi lado.

CAPÍTULO 6

Si Dios puede cambiarlo, ¿por qué no lo hace?

Orar intensamente por serenidad para aceptar las cosas que no puedo cambiar es casi imposible si en algún nivel todavía estoy culpando a Dios por no cambiarlas. La tentación a desconfiar, culpar o resentirse por la forma en que Dios actúa es muy humana. Si yo fuera Dios, haría las cosas de manera diferente. Eliminaría el hambre, las inundaciones y los terremotos. Lo pensaría dos veces antes de crear a algunas personas que han causado tanto sufrimiento a otros. Haría desaparecer a los mosquitos sin que nadie los echara de menos. Cambiaría algunas cosas sobre mí mismo, eliminando unas cuantas imperfecciones físicas totalmente innecesarias. La mayoría de nosotros tiene buenas ideas sobre cómo podría transformarse el mundo en un lugar mejor. Entonces, ¿por qué Dios no lo hace? Para nosotros se ve muy claro cómo se podrían mejorar las cosas. ¿Cómo es posible que él no lo vea? ¿Acaso no le preocupan a él, tanto como a nosotros, los niños que sufren? ¿Y qué de la gente pobre que cada noche se va a dormir con el estómago vacío? ¿Y qué tal las personas que están desempleadas?

Tengo que creer que a él sí le importa. De hecho, creo que le importa mucho, mucho más que a mí. Al mismo tiempo, se preocupa tanto por nosotros que está dispuesto a permitir que nuestro libre albedrío tenga consecuencias reales. Vivimos en un mundo caído, porque nuestros primeros padres rechazaron a Dios y su orden para la creación en el huerto del Edén. Ellos quisieron las cosas a su manera y Dios respetó su deseo. Nosotros las queremos a nuestra manera, y Dios también lo respeta. Por otra parte, imagina que cada vez que tratemos de hacer algo malo, Dios interviniera para protegernos a nosotros y a otros de todo daño. Seríamos robots glorificados. El libre albedrío ejercido sin consecuencias es ficción.

Dios estuvo dispuesto a arriesgarse a la presencia de todo el mal en este mundo por la oportunidad de entablar una relación de amor con nosotros. Para Dios, cada acto de amor humano es así de preciado.

El amor de Dios por nosotros va aun más allá. Aunque hemos pecado y decidido hacer las cosas a nuestra manera, Dios nos promete que de cada instancia de sufrimiento y de pecado en este mundo, él producirá un bien aun mayor que el que se ha perdido y que ahora lamentamos. Vemos el cumplimiento perfecto de esta promesa en la persona de Jesucristo, quien dio hasta su vida para que pudiéramos vivir con él para siempre en la eternidad, donde se enjugará toda lágrima.

Por esta razón, podemos confiar en que Dios sabe lo que está haciendo. Y si él no hace las cosas a mi manera, soy yo el que tiene una visión pobre y limitada, no él. Algún día descubriremos cómo todo tenía un propósito y cómo se compuso una maravillosa sinfonía sobre la bondad de Dios. Algunos le llamarán a esto optimismo utópico o un cuento de hadas. No me parece que sea eso. Mi confianza en que Dios sabe lo que está haciendo no solo viene de la historia del trato de Dios con su pueblo —como leemos en la Biblia— sino también de mi propia experiencia con la bondad de Dios en mi vida.

Cuando no entendemos por qué las cosas ocurren como ocurren, hay una buena razón para darle a Dios el beneficio de la duda.

La vida tiene muchos misterios, y tal vez ninguno sea tan preocupante como el misterio del mal. En su último libro publicado antes de su muerte, *Memory and Identity*, San Juan Pablo II dedica los primeros seis capítulos a lo que él llama el *mysterium iniquitatis* (el misterio del mal). Esto ha sido el escollo tanto de filósofos y de personas comunes y corrientes desde el comienzo del tiempo. Es difícil entender cómo un Dios que es todo bondad y todopoderoso permite que ocurran cosas malas en el mundo. Parte de ellas se pueden explicar simplemente como siendo una muestra del respeto de Dios por la libertad humana (pues muchos sufrimientos son el resultado de malas decisiones tomadas por las personas); sin embargo, muchas otras no pueden explicarse de esta manera. ¿Cómo se pueden explicar los terremotos y las inundaciones? ¿Niños con horribles defectos de nacimiento? ¿Tantas enfermedades y tantas calamidades?

Solo puede haber una explicación satisfactoria para todo esto. De alguna manera, Dios es capaz de transformar el mal en bien. De alguna forma, Dios es capaz de tomar hasta la más horrible de las tragedias y llevarla a un final feliz. En el libro de Juan Pablo II, lo que comienza como un estudio filosófico del mal encarnado en la historia se funde en una reflexión teológica más amplia sobre las raíces del mal en sí y la victoria de la redención. En la mente de este papa, el mal nunca ha sido total ni absoluto. Él dice que siempre está limitado por el bien. Él escribió: «Si la redención marca el límite divino colocado al mal, es por esta única razón: porque así el mal es vencido radicalmente por el bien, el odio por el amor, la muerte por la resurrección». San Agustín también tiene una excelente manera de expresarlo: «Porque Dios juzgó que era preferible sacar bien del mal a que ningún mal existiera».[1]

Con frecuencia pienso que esta es la gran revelación del Viernes Santo. Esta conmemoración anual marca el acto de maldad más grande en la historia humana: el día en que matamos a Dios. Significa que cuando colgamos a Dios y lo clavamos a una cruz de madera, la humanidad rechazó su amor, pureza, inocencia y bondad. Y, sin embargo, desde el pináculo de la maldad humana, Dios forjó el mayor bien: nuestra redención. Como escribió Joseph Ratzinger en una ocasión: «En el abismo del fracaso humano se revela el abismo aún más inagotable del amor divino».[2] Dios tomó el mal y lo hizo explotar desde adentro, tornando su veneno en néctar y su aguijón en un bálsamo curativo.

Si Dios es capaz de producir este inmenso bien del mal del Viernes Santo, sin duda alguna tiene la capacidad de convertir todos los males menores de nuestras vidas en sorprendentes revelaciones de la gracia inesperada.

Señor Jesús, no entiendo por qué me han sucedido ciertas cosas o por qué tienen que sufrir tanto algunas personas que amo, pero hoy reafirmo mi fe en que tú conoces la razón. Señor, te prometo seguir adelante con la seguridad de que tú producirás el mayor bien de cada situación de maldad y sufrimiento en mi vida y en este mundo. Te amo, Jesús.

CAPÍTULO 7

Tenemos todo lo que necesitamos

Si vas a salir de viaje, ¿cuándo comienzas a preparar tu maleta? Mis amigos bromean porque, por lo general, voy preparando mi equipaje de camino al aeropuerto. Como te puedes imaginar, también me doy *suficiente* tiempo para llegar *justo* antes de cerrar las puertas de abordar. Todos tenemos diferentes estilos. Me impresiona la gente que empieza a preparar su equipaje, poco a poco, una o semanas antes del viaje solo para asegurarse de no olvidar nada esencial.

Aunque me gustaría pensar que mi estilo es más equilibrado, y que exhibe una necesidad menor de controlar cada detalle, sé que no lo es. De hecho, estoy convencido de que mi estilo arriesgado y espontáneo es simplemente otra expresión del mismo deseo de controlar el resultado que critico en la gente que empaca con anticipación. Decido no empacar mi equipaje con tiempo porque hay muchas otras cosas que exigen mi atención y tengo que controlar antes que mis maletas.

Si somos seres humanos saludables, nos gusta estar en control. Es un instinto de supervivencia. Sin embargo, la serenidad que le pedimos a Dios es una serenidad que se encuentra a través de renunciar a nuestros intentos inútiles de controlar lo incontrolable. Le estamos pidiendo a Dios la serenidad que necesitamos para soltar las riendas cuando, de todos modos, el aferrarnos a ellas no nos hace ningún bien.

Un paso importante hacia el logro de esta serenidad es reconocer que necesitamos muy poco para tener éxito y ser felices. Hace algún tiempo me llamó la atención un pasaje del evangelio que nunca antes había significado mucho para mí. Después de que Jesús envía a los doce a predicar el reino de Dios y a sanar a los enfermos, envía a setenta y dos de sus discípulos y los organiza para que vayan de dos en dos. Su misión es preparar las visitas de Jesús en diferentes ciudades alrededor de Palestina. Lo sorprendente es que no los equipa, sino que los despoja de algunas cosas. No solo les quita muchas cosas superfluas, sino algunas que consideraríamos útiles y hasta necesarias. Sus instrucciones son tan específicas como extrañas: «No lleven nada para el camino: ni bastón, ni bolsa, ni pan, ni dinero, ni ropa de repuesto» (Lucas 9.3).

Cuando vamos a viajar, hacemos una lista mental de todas las cosas que vamos a necesitar: el cepillo de dientes, las pijamas, el pasaporte, el *iPod*, el breviario, una chaqueta... y así, la lista suma y sigue. Sin embargo, parece que a Jesús le preocupa más que los discípulos lleven más de lo necesario y que se olviden de algo importante. ¿Cuál es la lección en esto? ¿Por qué Jesús insiste en esta austeridad tan radical? Porque les está enseñando —y a nosotros también— a confiar. Él quiere que sus discípulos vayan alivianados de carga e incluso un poco faltos de seguridad para que descansen más en la providencia de Dios que en los contenidos de sus mochilas. No descubrimos realmente cuánto Dios cuida de nosotros hasta que nos despojamos de las muchas garantías que nos sostienen en la vida.

Dios nunca promete darnos todo lo que deseamos pues, de todos modos, mucho de lo que deseamos no nos beneficia para nada. Hasta los Rolling Stones llegaron a esta sencilla conclusión: «No siempre puedes conseguir lo que deseas, pero si tratas es posible que descubras ... que has conseguido lo que en realidad necesitas». Dios no nos equipa en exceso para nuestra misión en la vida, pero tampoco nos falta nada. Por supuesto, nos encantaría tener la tecnología más reciente, el personal mejor entrenado, un presupuesto ilimitado, y sin embargo, a veces solo disponemos de unas pocas herramientas rudimentarias para llevar a cabo lo que consideramos una tarea descomunal. No obstante, así es como parece que a Dios le gusta.

Lo mismo es cierto sobre nuestras vidas personales. Cuando hacemos un inventario de nuestros dones y talentos, a menudo nos quedamos cortos. Notamos que carecemos de muchas de las cualidades que otros tienen; cualidades que consideramos que serían de gran utilidad para el cumplimiento de nuestra misión en la vida. Tenemos incapacidades morales, defectos de carácter y personalidades imperfectas. Y pese a todo eso, así fue como Dios nos hizo y sigue esperando grandes cosas de nosotros.

Cuando pedimos serenidad para aceptar las cosas que no podemos cambiar, lo que estamos pidiendo es tener la capacidad para hacer lo que nos corresponde hacer sin las cosas que Dios no quiere que tengamos, y que aceptemos nuestra dependencia en él.

San Agustín dijo: «No importa cuán rico sea un hombre sobre la tierra, ante Dios sigue siendo un mendigo».[1] Siempre que oramos el Padrenuestro estamos recordando nuestra condición de mendigos de Dios. Venimos ante él, sombrero en mano. Por otra parte, no pedimos abundancia. Solicitamos «nuestro pan de cada día», no pan para el mes que viene. Esto significa, por supuesto, que regresaremos mañana para hacer la misma petición. No vivimos de nosotros mismos, sino gracias a la bondad de su provisión diaria.

Me parece evidente que Dios quiere que siempre nos sintamos un poco inseguros de nosotros mismos y de las promesas terrenales para que podamos encontrar nuestra verdadera seguridad en él. Él agita las cosas de vez en cuando para recordarnos cuánto lo necesitamos. Y lo hace, estoy convencido, no para empequeñecernos, sino para elevarnos. Para que en lugar de poner nuestra confianza en las cosas o las personas que terminarán por fallarnos, pongamos nuestra confianza donde corresponde. De hecho, en el centro de nuestra serenidad está la convicción de que ya tenemos todo lo que necesitamos.

Señor, hoy marcho adelante con la confianza de que contigo a mi lado tengo todo lo que necesito para hacer lo que me corresponde. Por amor a ti, me despojo de toda brizna de temor. Porque tú, Señor, eres suficiente para mí.

CAPÍTULO 8

El encanto de las posesiones materiales

Por muchos años, uno de mis amigos se pareció mucho al rey Midas: todo lo que Bob tocaba en los bienes raíces se convertía en oro. Antes de la crisis financiera del 2008, a él y a su esposa Christine les iba tan bien que, a pesar de sus orígenes humildes, empezaron a viajar en jet privado, puesto que ahora estaban acostumbrados a nada menos que lo mejor. Todo eso cambió en el 2008. A pesar de los esfuerzos de Bob por planificar el futuro (manteniendo grandes reservas de efectivo, lo que limitaba su exposición), simplemente no pudo anticipar el profundo impacto de la crisis. De repente, no solo su compañía estaba en riesgo, sino también muchos de los bienes de la familia.

La parte inesperada de la historia de Bob y Christine es la forma en que los afectó espiritualmente. Siempre habían sido personas de fe y cristianos practicantes. Pensaban que tenían profundas reservas de confianza en Dios. Sin embargo, cuando la Gran Recesión golpeó sus bolsillos, de repente esa fe y esa confianza fueron sacudidas hasta la médula. La duda comenzó a crecer en sus corazones y la amargura reemplazó al espíritu sencillo que les había conocido. Hice mi mejor esfuerzo para mantenerme cerca de ellos durante su tiempo de prueba, pero en un momento interrumpieron el contacto conmigo, argumentando que Dios no los había protegido de la crisis.

Puedo pensar en otras familias igualmente prósperas que pasaron por crisis similares y salieron más enamoradas de Dios que nunca antes. Lo que marca la diferencia está en nuestra actitud hacia las bendiciones materiales que Dios nos da.

Para alcanzar la serenidad que buscamos, es necesario un grado de desapego de los bienes materiales. Las riquezas pueden llegar a ser «ídolos» que ponen a prueba nuestra lealtad a Dios y nuestra confianza en él. Las riquezas pueden hacernos sentir más fuertes, más seguros, más poderosos, y a veces hasta superiores a los demás. Los que tienen mucho pueden descansar sin problema, pues no les preocupa de dónde vendrá su próxima comida. El pobre no puede hacerlo.

Una simple pregunta que podemos hacernos para determinar si estamos apegados a un bien material es si nos ayuda o no a acercarnos más al cielo. Si la respuesta es no, y aun queremos conservarlo, es que estamos apegados a él.

Cuando Jesús recomienda que sus seguidores sean «pobres en espíritu», su deseo no es vernos tristes, sino felices. La pobreza espiritual implica distanciarnos de todo lo que pueda interponerse entre nuestra cercanía a Dios y su voluntad para nosotros. Cristo eligió ser radicalmente pobre como un camino hacia la unión con su Padre. Nació en un establo, sin más corte real que unos humildes pastores y unos cuantos animales. Vivió sin apegarse a las posesiones materiales, tanto que su mejor comida era hacer la voluntad de su Padre (Juan 4.34). No tenía un lugar propio ni donde reclinar la cabeza (Lucas 9.58). Murió pobre, en una áspera cruz de madera, rodeado de ladrones, y su cuerpo fue finalmente sepultado en una tumba prestada (Mateo 27.60).

Cuando imitamos a Cristo en su pobreza, también compartimos su paz. Un cristiano que vive con su tesoro en el cielo y su confianza en Dios se libra de muchas de las ansiedades que trae este mundo.

En los salmos leemos acerca de los hombres que confían en las riquezas. Al final se encuentran con su confianza traicionada y sus esperanzas frustradas. «Los que obedecen a Dios, verán esto y sentirán temor; pero se burlarán de aquel hombre, diciendo: "Miren al que no busca protección en Dios; al que confía en sus grandes riquezas y persiste en su maldad"» (Salmos 52.6-7).

La pobreza espiritual —el distanciarnos de todo lo que no nos señale al cielo— tiene otra función importante. Nos permite una libertad interior que nos libera de preocupaciones innecesarias. El místico español Juan de la Cruz nos ofrece una interesante analogía para mostrarnos cómo estos apegos pueden impedir que seamos verdaderamente libres. Dice que ningún apego, por pequeño que sea, puede detenernos de la libertad que Dios quiere para nosotros. Y nos compara con un pájaro que anhela volar, pero que está atado con una soga por una de sus patas, lo que le impide elevarse de la tierra. «Es lo mismo que un pájaro esté atado con una cuerda delgada o gruesa; pues, aunque fuese delgada, el pájaro permanece atado como si fuera gruesa, y no podrá volar a menos que la cuerda se rompa».[1] El tipo de pobreza que Jesús nos pide no es un castigo, sino un regalo. Es una pobreza que no nos ata, sino que nos libera. Es una pobreza que nos permite ir por este mundo como peregrinos que sabemos que nuestra patria está en otra parte. La pobreza espiritual nos impide exagerar las alegrías sobre nuestras ganancias mundanas o afectarnos excesivamente ante cualquier pérdida temporal.

Jesús prometió que la verdad nos haría libres (Juan 8.32). Un verdadero cristiano se libera del peso insoportable de la ansiedad terrenal. Nuestra fe nos permite tomar los «ataques y dardos de la fortuna exorbitante» con equilibrio; esto es, sin alegrarnos demasiado por algo que tiene poco valor eterno ni lamentarnos demasiado cuando los tesoros terrenales se pierden. Observa con qué belleza San Pablo expresa la libertad y la paz del alma que trae este desapego interior:

He aprendido a contentarme con lo que tengo. Sé lo que es vivir en la pobreza, y también lo que es vivir en la abundancia. He aprendido a hacer frente a cualquier situación, lo mismo a estar satisfecho que a tener hambre, a tener de sobra que a no tener nada. A todo puedo hacerle frente, gracias a Cristo que me fortalece (Filipenses 4.11-13).

Sin embargo, esta libertad interior no ocurre en forma espontánea, sino que es el fruto de decisiones concretas. Tenemos que optar conscientemente por Cristo y renunciar a la dependencia del mundo. La pobreza afectiva (pobreza del corazón) tiene que tener una expresión efectiva (la pobreza en la práctica). Para experimentar el gozo del Señor, tenemos que eliminar el exceso de cosas y actividades de nuestras vidas, incluyendo lo que sea que nos ate o nos distraiga demasiado. Incluso las cosas buenas son malas cuando se vuelven demasiado importantes, cuando nos sentimos como si no pudiéramos o no quisiéramos vivir sin ellas. Cuando simplificamos, ponemos en orden nuestra relación con Dios y liberamos nuestras mentes y corazones para amar. Y esta libertad se traduce inmediatamente en serenidad del alma.

Gracias, oh Dios, por todas las bendiciones materiales que me has dado. Son inmerecidas e innecesarias. Libera mi corazón de cualquier apego a todo lo que puedo tener hoy y que puede desaparecer mañana, para que así pueda disfrutar de la libertad para amarte y amar a otros sin ninguna restricción.

CAPÍTULO 9

Asciende la montaña, y luego mira desde la cima

⚜

Una de las representaciones más memorables del cine de todos los tiempos es la impresionante actuación de Julie Andrews como María von Trapp en el clásico musical de 1965, *The Sound of Music* [La novicia rebelde]. Y si alguna escena de la película merece el título de «emblemática» es la de María girando y cantando en los Alpes austríacos: «Las colinas cobran vida con el sonido de la música». Muy por encima de las depresiones de la existencia cotidiana en los valles, María encontró la libertad en los espacios abiertos, en el aire fresco de las montañas. En esas colinas encontró la libertad y la trascendencia, y logró una nueva perspectiva de la vida cotidiana.

Cuando miramos hacia abajo desde las alturas —literal o figurativamente— podemos ver cosas que se nos escapan en nuestro intento cotidiano de mantener la cabeza fuera del agua. Esto nos da perspectiva, y esa perspectiva nos ayuda a encontrar serenidad aun en momentos en que las circunstancias pueden parecer inmutables y poco ideales.

Mientras estamos atrapados en el ajetreo diario, la vida puede parecer un rutina interminable de escuchar el llanto de un bebé, la reparación del radiador roto, ir al trabajo, regresar a casa por las tardes, llevar a los niños a la práctica de fútbol, no dormir lo suficiente, preguntarnos si nuestro cónyuge ya no nos ama como antes, y así sucesivamente. La aparente falta de sentido de nuestras ocupaciones diarias es una de las de las prisiones más sofocantes. Al igual que un trabajador de una fábrica cuya única tarea es poner la misma tuerca en los mismos pernos miles de veces al día, podemos sentir que todos los días son iguales, aun cuando nuestros días se vayan agotando.

Es una exageración decir que todo es una cuestión de perspectiva, pero es cierto que la mayoría de los sucesos y circunstancias en nuestras vidas se pueden ver de diferentes maneras. Y, a menudo, un cambio de perspectiva altera radicalmente nuestra evaluación de las cosas. Una de las mejores herramientas que tenemos para obtener una perspectiva nueva y más objetiva es la distancia. El viejo adagio acerca de no poder ver el bosque debido a los árboles es muy apto para la mayoría de nosotros. Estamos tan inmersos en nuestros propios problemas que no podemos ver nada más. Nuestras dificultades son tan evidentes que ocultan nuestras bendiciones. No obstante, cuando nos alejamos de esos problemas, empezamos a tener una visión más equilibrada de ellos.

Experimenté esto de una manera muy profunda cuando les solicité a mis superiores de mi antigua orden religiosa una licencia de seis meses con el fin de trabajar en una parroquia de la ciudad de Nueva York . Estaba tratando de entender si Dios me estaba llamando a hacer un cambio importante en la formación vocacional de mi vida, de una orden religiosa (obra misionera) al sacerdocio diocesano (en una parroquia local). Al llegar a Nueva York, supe casi de inmediato que debía salir de esta orden religiosa. No esperaba verlo con tanta claridad. Fue como si escamas hubieran caído de mis ojos y pude ver cosas que nunca antes había visto. Durante los muchos años que pertenecí a esta orden religiosa —los Legionarios de Cristo— no había podido ver, o no había querido ver, la disfunción obvia y la manipulación mental que estaba presente en muchos niveles de la organización. Suposiciones falsas que había tenido durante muchos años se vinieron rápidamente abajo. Formas más sanas de tratar de alcanzar las mismas metas espirituales que siempre había tenido se hicieron instantáneamente evidentes. Tuve la oportunidad de reconsiderar algunos de los juicios precipitados que había hecho de algunas personas y otras instituciones, de comenzar a verlos más como Jesús los ve y, cuando era del caso, de pedir perdón. No toda esta nueva luz resplandeció en mi mente y corazón de la noche a la mañana, aunque una gran parte de ella ocurrió así. Aquello fue un milagro. Era Dios haciendo lo que yo jamás habría podido hacer. Todo lo que necesitaba era una posición elevada, una nueva montaña desde la cual mirar hacia abajo y ver lo obvio. Sin embargo, para llegar allí necesitaba ascender la montaña.

Debo añadir que desde este nuevo lugar de reflexión pude ver no solo lo que estaba mal en mis circunstancias anteriores, sino también todo lo bueno que había allí, sobre todo las personas maravillosas que me rodeaban.

Notarás que a menudo Jesús subía a la cima de alguna montaña o al desierto para orar. Establecía distancia física entre él y las ocupaciones del día a día de su ministerio público con el fin de hablar con su Padre y recuperar una visión clara de lo que estaba por llevar a cabo. En un desierto, la crudeza de los alrededores y la ausencia de muchas comodidades nos obligan a ocuparnos de lo que es más esencial. Desde la montaña, los afanes de nuestra vida cotidiana se ven pequeños e insignificantes, y ganamos una perspectiva de su lugar dentro de un esquema mucho más amplio. También obtenemos la serenidad para aceptar las cosas que no podemos cambiar.

Como cristianos, estamos llamados a tener una visión «sacramental» de la realidad, lo que significa que detrás de nuestra rutina diaria existe una realidad más profunda. Las circunstancias de nuestras vidas nos señalan más allá de ellas mismas a verdades espirituales y revelan la obra de Dios. Esto es cierto no solo acerca de acontecimientos extraordinarios —como el bautismo— sino también de las actividades diarias y más monótonas de nuestras vidas. Dios está trabajando no solo en el altar y en la sala de operaciones, sino también, como Santa Teresa de Ávila decía, ¡«entre ollas y sartenes»![1] A él lo podemos encontrar en todas partes, activo y ansioso de que lo encontremos. Si como dice Santa Teresa de Ávila está activo entre ollas y sartenes, entonces seguramente también lo está en el aula, en la guardería, en la oficina, en el coche, en la sala de juntas, en la cocina y en el campo de deportes. Él quiere que abramos los ojos de la fe para que lo descubramos y vivamos en su presencia.

Es difícil para el hombre y la mujer modernos escapar a las montañas para recuperar la perspectiva, pero podemos encontrar pequeños sustitutos que nos ofrezcan la distancia que necesitamos. El más importante de ellos es la oración diaria. Quince minutos en la presencia de Dios puede marcar la diferencia entre ver nuestros días grises y llenos de dolor y ver la luz de las abundantes misericordias de Dios. Estar con Dios es estar en el cielo. Desde allí, el significado de todo se vuelve mucho más claro. En cierto modo, las colinas de la vida cobran vida con el «sonido de la música», la música de todo lo que Dios hace a través de su amor. En este contexto y visión divinos, en este abrazo de la visión de Dios, ¿acaso no es más fácil aceptar serenamente las cosas difíciles que no podemos cambiar?

Padre celestial, sabes que me estoy involucrando en muchas cosas. Tú conoces todo lo que hay en mi mente y lo lejos que me siento del mundo espiritual. Hoy, acompáñame en todo momento para que así pueda ver como tú ves, juzgar como tú juzgas y amar como tú amas.

CAPÍTULO 10

La serenidad es posible sin importar lo que enfrentemos

◆

Es relativamente fácil mantenerse sereno en esos raros momentos cuando todo marcha bien, y algo muy distinto es conservar la calma cuando nos vemos acosados por todo tipo de dificultades que no podemos hacer desaparecer ni cambiar a nuestro gusto.

La fuerza espiritual para mantener la serenidad en los tiempos malos, y especialmente en el peor de los momentos, viene de un lugar y un solo lugar: la convicción de fe en cuanto a que si estamos siendo probados, es con el permiso amoroso de Dios, y que si lo dejamos actuar, él hará que nuestro juicio produzca un bien más grande que cualquier cosa que podamos imaginar.

Aunque ya escribí todo un libro sobre el tema del sufrimiento —específicamente sobre cómo aprovechar el propósito y el plan de Dios cuando la vida duele— en ninguna parte he visto mayor prueba de serenidad en circunstancias increíblemente difíciles que en mi amigo Thomas Peters. Thom es una joven y radiante luz en el campo de las predicciones políticas y religiosas y en el activismo. El año pasado se casó con una joven maravillosa y luego, tres meses más tarde, sufrió un accidente de buceo que puso en peligro su vida. Después de varios meses en cuidado intensivo, varias cirugías y terapia, esto fue lo que escribió:[1]

«Un viernes de julio me desperté de madrugada porque alguien me estaba dando puños en la espalda. Estaba acostado en una cama, en un lugar que no reconocía y con un dolor intenso. Era un tipo de dolor que nunca había experimentado antes y que no entendía. Tenía un tubo en la garganta y mi cuerpo se sentía incompleto, como si gran parte de él hubiera desaparecido. En las horas que siguieron, me di cuenta que el hombre que me golpeaba la espalda con los puños era un enfermero, y que con los golpes trataba de desplazar parte del líquido que llenaba mis pulmones como resultado del accidente de buceo que había sufrido tres días antes. Como consecuencia del accidente, tenía fracturada la quinta vértebra y una severa lesión en la médula espinal que cambiaría el rumbo de mi vida para siempre. No tengo ningún recuerdo del accidente. Por la gracia de Dios, alguien me vio flotando boca abajo en el agua y me empezó a arrastrar hasta la orilla. Si no me hubieran visto, lo más probable es que hubiera muerto. Por la gracia de Dios, me lesioné en uno de los dos únicos días del año cuando un grupo de técnicos de emergencias médicas se reúnen a menos de una milla de distancia para entrenamiento, por lo que recibí una rápida atención. Si no hubiera sido ese día en particular, la ayuda habría llegado unos veinte minutos después, tiempo suficiente como para sufrir daño cerebral. Y por la gracia de Dios, había un espacio cercano lo suficientemente grande como para que un helicóptero de rescate aterrizara y me transportaran al Centro Médico de Traumatología de la Universidad de Maryland, la mejor unidad de su tipo en Norteamérica. Sin el beneficio de recibir con tanta prontitud la mejor atención posible, mi recuperación se habría afectado inalterablemente. La recuperación fue, y es, dura. Se necesitaron seis semanas para llevarme a una condición médicamente estable y adecuada para mi traslado a un centro de rehabilitación en Washington, D.C. Durante las seis semanas que permanecí en Baltimore, las enfermeras y los médicos lucharon contra infecciones y secreciones para sanar el daño que mis pulmones habían sufrido por la ingestión de agua sucia. En un esfuerzo por salvar mi vértebra fracturada, me pusieron en un halo de metal. Y cuando ese esfuerzo finalmente fracasó, me sometieron a una cirugía de dos días para reemplazar la vértebra dañada con una pieza de titanio. También fusionaron mi cuarta y sexta vértebras para devolverle fortaleza al cuello. Me entubaron, me hicieron una traqueotomía, me volvieron a entubar y me volvieron a hacer otra traqueotomía.

»Un flujo constante de familiares y amigos me estuvo visitando durante este tiempo para levantarme el ánimo, y compartir lágrimas y sonrisas. Pero nadie fue más fiel que mi esposa Natalie; ella no se apartó de mi lado todo el tiempo que estuve en la Unidad de Cuidados Intensivos.

»Un accidente grave es una invitación a la recuperación física y espiritual. Nunca había sentido la presencia de Dios tanto como desde el accidente. Hay personas que tal vez digan que un accidente como el mío debería llevar a cuestionar la misericordia de Dios, o incluso dudar de su existencia. Sin embargo, en mi caso, el hecho de que sobreviviera a mi lesión es la evidencia más contundente de la misericordia y la providencia de Dios que haya experimentado jamás. Creo que Dios permitió que mi accidente ocurriera y que él decidió ayudarme a sobrevivir a ese accidente y que todos los días me da la oportunidad de ser bendecido a través de él. El accidente me ha enseñado el valor esencial que defiende el principio de la subsidiariedad: el valor de la familia y los amigos como la primera línea de defensa cuando las cosas van mal. Mi familia y mis amigos han dado un paso al frente para ayudarnos a mi esposa y a mí en formas que nos han dejado sin aliento. Nos trajeron comida, nos ayudaron a empacar y a mudarnos de casa, nos prestaron sus coches, contribuyeron con su asesoramiento profesional sobre la mejor forma de planear nuestro futuro financiero y cubrir los gastos médicos, se han organizado en grupos de oración por nosotros, han diseñado pulseras para ayudar a recordarle a la gente orar por nosotros, y nos han ofrecido regalos tan generosos que he tenido que firmemente decir que no porque son simplemente demasiado.

»El hombre nunca es pobre ni está solo si tiene buenos amigos. Mi esposa y yo simplemente no podríamos haber sobrevivido si no hubiera sido por nuestra querida familia y los amigos. El accidente me ha enseñado mucho sobre el increíble regalo del matrimonio. Durante su intervención en mi boda, mi padre dijo que el sacramento del matrimonio nos da la gracia de hacer lo imposible. He conocido a gente durante estos meses que piensan que es increíble, y hasta imposible, que mi esposa y yo sobreviviéramos a un trauma como el mío después de haber estado casado solo tres meses. Yo les digo que ayuda el casarse con la mujer adecuada y de la manera correcta; de la forma que la iglesia nos enseñó lo que es el matrimonio y por qué debe honrarse. La gente nos ha dicho que se han sentido inspirados y han recibido esperanza por el testimonio de nuestro matrimonio. Les respondo que a nosotros también nos inspira. Creemos que es posible hacerle frente a cualquier cosa, incluso a un futuro conmigo paralizado, siempre y cuando nos aferremos el uno al otro, a Dios y a nuestros votos matrimoniales.

»El accidente me ha enseñado a ser más humilde y realista acerca de mis propios esfuerzos y contribuciones. Antes de mi accidente, me sentía orgulloso de mi autosuficiencia y de mi capacidad para contribuir a las causas que me importaban —y todavía lo hago— pero desde el accidente he sentido mucho mayor aprecio por el hecho de que todo lo que hago y soy es por el Señor. Ciertamente no fui yo quien me hizo regresar del borde de la muerte y, como me dijo un sacerdote sabio, mis oraciones y sacrificios estas semanas y meses han hecho más para ayudar a las causas de la vida, el matrimonio y la libertad religiosa que nada que haya escrito, dicho o hecho para promover esto antes del accidente. Sin embargo, que quede bien claro, tan pronto como pueda, regresaré para luchar con más ahínco que nunca por todas esas cosas, porque ahora sé que es la oración lo que hace fuerte al guerrero.

»El accidente me ha enseñado que soy todavía una obra en proceso y todo lo que puedo lograr es para la gloria de Dios. Completé mi tiempo de rehabilitación hospitalaria esta semana y el duro trabajo de aprender a vivir por mi cuenta otra vez (con la gran ayuda de mi esposa) acaba de comenzar, al igual que el agotador tratamiento ambulatorio para recuperar la fuerza y el sistema muscular que he perdido.

»La inmensa mayoría de las personas que sufren una lesión como la mía nunca vuelven a caminar, pero todavía hay señales que indican que podría vencer estas probabilidades, y he estado orando a San Judas por un milagro. La mayoría de las personas con una lesión como la mía nunca recupera el uso de sus manos; y aunque usted no lo crea, he tenido que escribir estas reflexiones utilizando un nudillo de mi dedo meñique derecho en una pantalla táctil. Pero a través de la intercesión de San Francisco, estoy recuperando algo de la función de los dedos de mi mano izquierda. Hay señales preocupantes de que mi vida siempre estará plagada de dolores neuropáticos, pero como he aprendido, el dolor puede ofrecerse y no tiene por qué impedirnos vivir una vida buena y digna.

»En los próximos meses, me enfocaré en la oración, la reflexión y la recuperación, y luego descubriremos más acerca de lo que nos depara el futuro. No recuerdo muy bien cómo empezó todo esto, pero durante una de las muchas noches de insomnio que pasé en la Unidad de Cuidados Intensivos en Baltimore, preguntándome qué me traería la noche o el día siguiente, me sentí inspirado por el ejemplo de Samuel en el Antiguo Testamento, así es que comencé a decirle a Dios en silencio: "Habla, Señor, que tu siervo escucha". Y esta sigue siendo mi oración. No sé lo que depara el futuro. Pero sí sé que mientras tenga aliento, y con lo que pueda mover de mis extremidades y músculos, me esforzaré por servir al Señor y hacer su voluntad. ¿Para qué otra cosa, sino para esto, es la vida?».

Dios no quiere el mal para nosotros. Él no causó el accidente de Thom. Sin embargo, él sí nos permite pasar a través de un mundo muy imperfecto, donde las leyes de la naturaleza caída y el abuso del libre albedrío causan estragos en justos y malos por igual. Lo que hacemos con nuestras pruebas depende de nosotros. Ya sea que decidamos vivir con amargura y resentimiento, o con la confianza en el cuidado providencial de Dios, depende de nosotros.

Y en la elección de rechazar o aceptar las cosas que no podemos cambiar está en juego nuestra serenidad de alma. San Agustín escribió: «Nuestro peregrinaje en la tierra no puede estar exento de pruebas. Progresamos por medio de las pruebas. Nadie puede conocerse a sí mismo sino a través de las pruebas, o recibir una corona excepto después de la victoria, o esforzarse salvo en contra de un enemigo o las tentaciones».[2] En otras palabras, frente a la eternidad, por muy dolorosas que sean las pruebas, estas pueden traer grandes recompensas a nuestras vidas a medida que aprendemos a vivir serenamente en el conocimiento del poder y el cuidado de Dios.

La Biblia se esmera en asegurarnos que Jesús fue probado en todas las formas que lo somos nosotros. Cada Cuaresma leemos acerca de sus tentaciones en el desierto y cómo salió victorioso de ellas. Él es nuestra fuerza y el que garantiza nuestra victoria. Además, San Pablo nos asegura que no seremos tentados más allá de nuestras fuerzas. Dios no es injusto y nunca permitirá algo que no podamos manejar con su gracia.

El gran santo y erudito, Tomás de Aquino, en una de las muchas oraciones que nos dejó, le pide a Dios que ni los triunfos ni las pruebas difíciles afecten su paz o alteren sus propósitos. Él escribió: «Concédeme, Señor mi Dios, que nunca pierda la fe, sea en el éxito o en el fracaso; que la prosperidad no me enorgullezca ni la adversidad me abata. Permíteme regocijarme solo en lo que nos une y entristecerme solo en lo que nos separa».[3]

Jesús, las pruebas en mi vida parecen agrandarse con el tiempo. Las acepto hoy como parte de tu plan para mí. No las rechazo. Las acepto como una parte esencial de mi jornada hacia ti. Dame tu gracia para vivir estas preciadas pruebas con actitud agradecida.

CAPÍTULO 11

Tenemos que admitir nuestra historia

Antes mencioné a los Alcohólicos Anónimos y el programa de doce pasos que ha transformado muchísimas vidas. Los tres primeros pasos nos piden reconocer nuestra propia impotencia y, al mismo tiempo, el poder de Dios para sanar. Los siguientes tres pasos se mueven en una dirección ligeramente diferente. Exigen una honestidad radical, una especie de «confesión» de dónde estamos y cómo llegamos allí.

El cuarto paso implica hacer «un inventario moral valiente de nosotros mismos». ¡Qué gran idea! Este «inventario moral valiente» consiste en lo que muchos maestros espirituales han llamado un «examen de consciencia», donde ponemos al descubierto nuestras vidas y honestamente confrontamos lo que somos y lo que hemos hecho. Esta honestidad radical es esencial para seguir adelante.

El quinto paso va más allá y nos incomoda aun más; sin embargo, implica una sanidad profunda. Se nos invita a reconocer «ante Dios, ante nosotros mismos y ante otro ser humano la naturaleza exacta de nuestros errores». ¡Y eso sí que es difícil! Una cosa es reconocer, en general, que no somos perfectos o que hay muchas cosas que debemos cambiar en nuestra vida y es otra completamente distinta exponerlas en detalle a otro ser humano. Por muy difícil que sea el quinto paso, es también muy eficaz. En la iglesia católica hacemos algo muy similar en el Sacramento de la Reconciliación: a través de un sacerdote, le pedimos a Dios el perdón y la fuerza para evitar el pecado en el futuro. Sin embargo, tanto para católicos como para cristianos no católicos, es también útil, incluso importante, tener un director espiritual o alguien confiable con quien podamos analizar nuestras luchas, tentaciones y el progreso espiritual.

Por último, y regresando a Dios, en el sexto paso se nos pide disposición para permitirle que «nos libere de todos estos defectos de carácter». Vemos una vez más que Dios es el único que puede reparar todo lo que se ha roto y sanar todo lo que está herido. Este sexto paso puede parecer innecesario, pues ¿a quién no le gustaría que desaparecieran todos sus defectos? Pero, en realidad, a menudo no queremos que se nos libere de todos. Estamos apegados a ellos. San Agustín oró aquel famoso ruego a Dios: «Señor, dame castidad, pero todavía no».[1] ¡Se necesita valor para pedirle sinceramente a Dios que nos cambie ya!

La serenidad para aceptar las cosas que no podemos cambiar conlleva reconocer las decisiones que hemos hecho y las consecuencias de esas decisiones. No podemos seguir adelante hasta que lo hagamos. Por difícil que sea, debemos «confesar» y enfrentar la realidad de nuestra vida sin lanzar golpes al aire. Al igual que un médico que no puede curarnos hasta que le expliquemos lo que está mal, así también la paz del alma viene cuando pagamos el precio de una honestidad implacable con nosotros mismos y con Dios.

Jesús pronunció la célebre frase de que la verdad nos haría libres (Juan 8.32). Pero, ¿qué significa esto? ¿En qué sentido la verdad libera a los seres humanos? ¿De qué manera es la «verdad» una puerta a la libertad humana? Parece que los seres humanos son las únicas criaturas capaces de mentir. Es cierto que otros animales se «disfrazan» mezclándose con sus alrededores o aparentando ser algo que no son. Los camaleones cambian de color para confundirse con su entorno, y la apariencia de algunos insectos, como el llamado palo o bastón, imita su entorno de manera tan perfecta que se hacen prácticamente invisibles. Los perros, según parece, están muy cerca de ser unos mentirosos cuando se esconden tras hacer alguna maldad. Sin embargo, en el reino animal se trata más de tácticas de supervivencia evolutiva que de actos conscientes de engaño. Por el contrario, nosotros los seres humanos, voluntaria y conscientemente, podemos dar una impresión falsa de nosotros mismos y tratar de hacer creer a otros algo que sabemos que no es cierto.

Más grave aún, los seres humanos tenemos la capacidad no solo de decir una mentira, sino también de «vivir» una mentira, haciendo del engaño la cama donde dormimos y la casa donde vivimos. Y hasta podemos engañarnos a nosotros mismos racionalizando nuestros errores y de convenciéndonos que somos mejores de lo que realmente somos. No obstante, estas mentiras que nos decimos y vivimos son en realidad una prisión. Vivir en la mentira es vivir encarcelado en la irrealidad. ¿Has notado que cuando las personas se liberan de las mentiras que han estado llevando inevitablemente sienten un profundo alivio y liberación? De pronto sienten que pueden respirar, luego de vivir sofocadas por quién sabe cuánto tiempo en las garras de la falsedad. Las mentiras pesan sobre nosotros como piedras enormes sobre nuestra cabeza y nuestros hombros, y anhelamos deshacernos de ellas.

De todas las mentiras que nos decimos a nosotros y a los demás, la más peligrosa tiene que ver con nuestras elecciones y decisiones. Nuestra reacción instintiva es justificarnos, defendernos y racionalizar nuestras decisiones. Sin embargo, a la larga, esto es nuestra ruina.

Abandonar una vida basada en la mentira no requiere que le contemos a todo el mundo cada uno de nuestros pecados pasados para entonces poder recomenzar una vida honesta y sincera. Una vez escuché a Oprah Winfrey decirle a su público (¡sí, esto es una confesión!) que a veces la decisión de «contar todo» es, de hecho, una decisión egoísta. Podemos sentirnos muy bien cuando nos desahogamos de nuestros secretos y los descargamos sobre nuestro cónyuge, en nuestro blog, o sobre nuestro mejor amigo. Sin embargo, si lo estamos haciendo principalmente por nosotros mismos, entonces no estamos haciendo lo correcto. El amor desinteresado es siempre nuestro estándar.

El año pasado tuve el gusto de conocer a Judy Clark, una reclusa de la Cárcel para Mujeres en Bedford Hills, Nueva York. La suya es una historia fascinante de conversión que atraviesa la puerta de una humilde aceptación de fracasos personales. La historia no comienza bien. El 20 de octubre de 1981, un grupo de radicales usando armas automáticas asaltaron un camión blindado de Brink's en el Centro Comercial Nanuet en Nanuet, Nueva York. Se robaron $1,6 millones en efectivo y asesinaron a uno de los guardias de Brink's, Peter Paige, y a dos policías, Waverly Brown y Edward O'Grady. Judith Alice Clark conducía el vehículo en el que huyeron.

Judy fue detenida ese mismo día y acusada de tres cargos de asesinato en segundo grado. Cuando por fin se presentó ante la corte para los argumentos de cierre, se limitó a confirmar su culpabilidad, diciendo al jurado: «La violencia revolucionaria es necesaria, y es una fuerza liberadora». Fue declarada culpable y sentenciada a tres términos consecutivos de veinticinco años de por vida. En el momento de su arresto, Judy tenía treinta y un años de edad, era madre de un bebé de once meses, y miembro de la organización comunista «Mayo 19», un grupo pequeño pero muy unido, que se definía como una «organización revolucionaria y antiimperialista». Por admisión personal, su actividad política, la lealtad a sus «camaradas» y la identidad como «revolucionaria» habían sido la realidad que definía toda su vida de adulta.

Hoy día todo es distinto para ella. Durante sus largos años de encierro, Judy entendió que la honestidad implacable con ella misma era esencial en su proceso de renovación. Comenzó a abrir su corazón y su mente a la realidad de lo que había hecho y a la posibilidad de convertirse en una persona diferente. Ella escribe: «En gran medida, mi vida en prisión ha estado definida por mi disposición a afrontar el dolor y las pérdidas de las que soy responsable, y por mis esfuerzos para reparar y edificar una vida arraigada en el remordimiento, la restauración y la reverencia por la vida». Cuando Judy reconoció lo que había hecho y sus efectos en otros, encontró la puerta a la redención. Esto ha dado grandes frutos para ella y para los demás.

A la fecha de este escrito, ha servido treinta y dos años de su sentencia. En 1990, estando en prisión, obtuvo un título de bachiller en ciencias de la conducta, y en 1993 completó un grado de maestría en sicología. Hoy día está trabajando en su doctorado. Ha impartido clases de maternidad prenatal para las mujeres embarazadas y ha sido mentor y modelo para las madres de guardería que viven con sus bebés en una unidad especial en la prisión. Cuando en los años noventa se eliminó el financiamiento público para un programa universitario de la prisión, Judy ayudó a reconstruirlo. Como resultado, en los últimos diez años más de ciento cincuenta mujeres han recibido sus grados asociados o de bachiller. Judy vive en una unidad especial de reclusas voluntarias que participan en el Programa «Puppies Behind Bars». Allí crían y entrenan a cachorros para convertirlos en perros-guía para ciegos, perros de detección de explosivos para agencias de la ley y perros de servicio para veteranos discapacitados. Y en respuesta a una epidemia de SIDA en la década de los ochenta, en la ciudad de Bedford Hills (donde está la prisión), Judy cofundó ACE, una organización tan eficaz que ha sido adoptada en las cárceles de todo el país.

Todo esto ocurrió porque finalmente reconoció la verdad de su vida. Lejos de desanimarla, este reconocimiento la elevó. En el momento de su vista judicial, Judy había defendido sus acciones con uñas y dientes. Los males de la sociedad eran culpa de todo el mundo, menos de ella. Sin embargo, luego de algún tiempo en la cárcel pensando en sus acciones, tuvo que enfrentar la verdad de que había hecho mal. Esto es lo que dice ahora:

«Estoy profundamente avergonzada de mis acciones, pues contribuyeron a la muerte de tres hombres inocentes y a infligir lesiones físicas y emocionales y pérdidas a muchos otros. He pasado una buena parte de mi sentencia en prisión tratando de entender las fuerzas internas y externas que me impulsaron a tal comportamiento autodestructivo e inhumano. Ahora estoy procurando vivir en términos muy distintos y mucho más responsables».

En otros capítulos, voy a compartir más de lo que he aprendido de la reclusa Judy Clark. No es nada fácil enfrentar nuestros propios defectos. Estas son las verdades más difíciles de reconocer. Sin embargo, todos los tenemos. Todos somos capaces de mucha maldad y nos engañamos a nosotros mismos si pensamos que no es así. No todos robamos bancos ni cometemos un asesinato, pero todos tenemos cosas que lamentar. El hecho de que no seamos criminales notorios no significa que seamos inocentes. Parte de la serenidad que buscamos implica enfrentar nuestro propio pasado, nuestras decisiones (buenas o malas) y las consecuencias de cada una de ellas. Estas son realmente las cosas que no podemos cambiar, y necesitamos serenidad para aceptarlas como lo que son.

Señor, te doy las gracias por el don de la vida, por todos los años que me has permitido vivir en esta tierra hermosa. Lamento profundamente todas las veces que he hecho mal uso de este don viviendo egoístamente. Te suplico que quites mi vergüenza y me concedas la gracia para seguir adelante con celo renovado para vivir en verdad y amor.

CAPÍTULO 12

Dios te ama, con todos tus defectos

A pesar de lo que dije antes sobre los mosquitos, Dios no comete errores. Y más importante aún para nuestro propósito aquí: Dios no cometió ningún error cuando te creó. Eres exactamente lo que él se propuso que fueras. Todo acerca de ti —tus padres, tus hermanos, tu momento en la historia, tu vecindario, tus cualidades y defectos— todo ha sido permitido por la providencia de Dios. Eres amado y reconocido por Dios, con verrugas y todo. ¿No te parece que esto es la máxima motivación para ser una persona serena?

Un corolario alentador para esta verdad es que aun tus defectos son usados por Dios. Lo que más te avergüenza, Dios lo considera esencial para tu misión en la vida. Lo que consideras como tu mayor debilidad, Dios lo ve como una oportunidad para fortalecerte. Lo que ves como un obstáculo, Dios lo ve como un trampolín. San Pablo reconoció esto en su propia vida y este descubrimiento le dio una gran alegría. Él experimentó lo que metafóricamente describió como un «aguijón en la carne», y le rogó a Dios que se lo quitara. Sin embargo, Dios le respondió: «Bástate mi gracia; porque mi poder se perfecciona en la debilidad» (2 Corintios 12.9, RVR1960). Y a partir de esto, Pablo concluye diciendo: «Por lo cual, por amor a Cristo me gozo en las debilidades, en afrentas, en necesidades, en persecuciones, en angustias; porque cuando soy débil, entonces soy fuerte» (2 Corintios 12.10, RVR1960).

Cuando miras al espejo y ves el reflejo de una pobre y defectuosa criatura, completamente incapaz de buenas obras, en ese momento Dios te ve como un instrumento de su gracia. Has alcanzado un conocimiento más profundo que la persona que se ve a sí misma como talentosa y capaz, y que cree que sería un privilegio para Dios tenerle en su equipo. Durante la misa de clausura de la Jornada Mundial de la Juventud de Toronto en el 2002, el papa Juan Pablo II pronunció unas palabras que nos recuerdan el poder de Dios para renovarnos: «No somos la suma de nuestras debilidades y fracasos sino que somos la suma del amor del Padre por nosotros y nuestra capacidad real para llegar a ser la imagen de su hijo».[1]

Hay un hermoso relato en el Antiguo Testamento que confirma esto maravillosamente bien. Todos conocemos la historia de David y Goliat, y sobre cómo aquel joven pastor inexperto derrota al soldado experimentado, ¡que era nada menos que un gigante! Lo que quizás no recuerdes es lo que sucede momentos antes de que David se presentara en el campo de batalla (1 Samuel 17.38-39). Él no tiene armadura ni nada que lo proteja contra el enemigo, y entonces el rey Saúl decide prestarle su armadura. Le pone un casco de bronce y lo viste con una cota de malla. Pero eso no funciona. David se da cuenta que ni siquiera puede caminar con una armadura tan pesada, así que el rey Saúl tiene que quitársela. Y David termina yendo al encuentro de Goliat con nada más que una honda y unas cuantas piedrecillas. Y aun así, con la ayuda de Dios, derrota al gigante.

Una de las lecciones que aprendemos de esta historia es que lo que a veces vemos como nuestra fortaleza se convierte en nuestra debilidad. Se atraviesa en nuestro camino. Cuando nos sentimos más indefensos, más nos apoyamos en la gracia de Dios, y él hace milagros en nosotros. Una armadura pesada no era la fortaleza de David. Su tamaño pequeño y su agilidad resultaron ser sus mayores ventajas, aunque nadie se da cuenta sino hasta que entra en el campo de batalla. A menudo, lo que parece ser nuestro mayor defecto resulta ser la herramienta con la que Dios estaba contando para hacer el trabajo.

¿Ves por qué, a la luz de la fe, tenemos todos los motivos para aceptar con serenidad las cosas que no podemos cambiar? Si Dios tiene su manera; es decir, si dejamos que él haga su trabajo, esas cosas precisamente se convertirán en el puente para cruzar aguas turbulentas.

Cuando pienso en los caminos de Dios, creo que él debe tener un buen sentido del humor. ¿A quién se le habría ocurrido elegir a un tartamudo como Moisés para que fuera su vocero ante todo Israel y ante Faraón? Cuando Moisés recibió este llamado, seguro pensó: *tienes que estar bromeando, ¿cierto? ¿En verdad no pudiste encontrar a nadie un poco mejor calificado?* Sin embargo, Dios no estaba bromeando. Él sabía lo que estaba haciendo. De igual manera, muchos santos se sintieron muy mal preparados y poco cualificados para lo que se les pedía que hicieran. Repasando algunos ejemplos bíblicos, podemos pensar en la elección que hizo Dios de Gedeón, un campesino común y corriente, para liberar a Israel de los madianitas. O Rahab, una prostituta, que ayudó a Josué a conquistar a Jericó. Los propios discípulos —un grupo de pescadores incultos— estaban completamente descalificados para ser los fundadores de la iglesia. Ninguno de ellos contaba con la formación para tal empresa, y todos tenían, además, serios defectos morales.

Todo esto se resume muy bien en la hermosa declaración de San Pablo: «Y es que, para avergonzar a los sabios, Dios ha escogido a los que el mundo tiene por tontos; y para avergonzar a los fuertes, ha escogido a los que el mundo tiene por débiles. Dios ha escogido a la gente despreciada y sin importancia de este mundo, es decir, a los que no son nada, para anular a los que son algo. Así nadie podrá presumir delante de Dios» (1 Corintios 1.27-29). Los instrumentos favoritos de Dios son don nadies, para que ningún hombre pueda jactarse delante de él. Podemos mantenernos serenos aceptando las cosas que no podemos cambiar, con la certeza de que Dios puede usar aun nuestras debilidades para mostrar su poder y nuestros defectos para manifestar su belleza.

Oh Dios, tú sabes cuánto me abruman mis debilidades. Y sabes lo inadecuado que me siento para hacer lo que me pides que haga. Hoy voy a aceptar plenamente quién soy y quién no soy. Solo te pido que me muestres cuánto me amas, con verrugas y todo.

CAPÍTULO 13

La misericordia de Dios no tiene límites

Uno de los mayores obstáculos para poner nuestra confianza en Dios es que hemos complicado todo de manera irreparable. Hemos roto la vasija de nuestras vidas de tal forma (y a veces las vidas de otros) que ni aun el mejor alfarero podría repararla. Incluso si alguien fuera capaz de recoger todos esos fragmentos y tratara de unirlos, sería inútil. Somos como Humpty Dumpty: ni todos los caballos del rey ni todos los hombres del rey podrían juntar nuestras piezas. La sabiduría popular dice que «lo hecho, hecho está», y desde una perspectiva puramente humana, es verdad. Lo que se hizo no se puede deshacer. Vemos las cicatrices en nuestra alma, el daño que hemos causado, y nos desesperamos porque no podemos cambiar las cosas. ¿Cómo podemos mantenernos serenos ante una tragedia tan innalterable?

Sin embargo, aquí tenemos el mayor milagro de la misericordia de Dios. Parece demasiado bueno para ser verdad, y tenemos miedo de creerlo. Dios es capaz de corregir nuestros errores y volver a fundir la vasija de nuestras vidas. Lo hace una y otra vez. Toma incluso nuestros pecados aparentemente imperdonables y los convierte en algo bueno. Este es el misterio de la redención.

A la hermosa y diminuta santa de Lisieux, Santa Teresa, se le reconocía por su ilimitada confianza en la bondad de Dios. Para Teresa era muy natural esperar todo de él, pues estaba convencida de su gran amor por ella. Esto es difícil para nosotros porque, a diferencia de esta niña inocente, hemos ofendido a Dios demasiadas veces y en muchas maneras. Sin embargo, Teresa estaría en desacuerdo con que nuestro pecado sea un obstáculo para confiar en Dios. Ella dejó claro que su confianza en la infinita bondad y misericordia de Dios no tenía nada que ver con su propio historial moral. Por eso, insistió en decir:

Sí, presiento que aun si tuviera en mi conciencia todos los pecados que se pudieran cometer, iría, con mi corazón roto, a arrepentirme y arrojarme en los brazos de Jesús, porque sé lo mucho que atesora al hijo pródigo que regresa a él.

De nuevo, poco antes de su muerte, hablándole a la Madre Inés, dijo:

Usted puede decir sin ninguna duda que si yo hubiese cometido todos los crímenes posibles, aun así, tendría la misma confianza y sentiría que esta multitud de ofensas serían como una gota de agua arrojada a un horno llameante.[1]

La razón para esto es realmente muy simple. La fuente de nuestra confianza en Dios no son nuestras buenas obras, como si Dios fuera misericordioso y generoso porque *nosotros* somos buenos y lo merecemos; sino simplemente el hecho de que él es así de bueno. Su misericordia brilla con más resplandor cuando menos la merecemos. Nunca podremos ganarnos su misericordia; nos llega como un don gratuito e inmerecido. Este es un mensaje importante para todos nosotros, tanto para los «grandes» pecadores como para aquellos que solo son conscientes de las fallas más pequeñas. Dios no nos ama más o menos dependiendo de nuestro desempeño. Nos ama total, completa e incondicionalmente, lo que significa que el amor de Dios no depende de ninguna otra cosa. Es inmutable, y nada de lo que hacemos o dejamos de hacer puede alterar eso. Siempre me ha consolado pensar que Jesús vino a llamar a los pecadores. Él dice específicamente que los pecadores son la razón por la que vino a la tierra y la razón de su muerte en la cruz. Él defiende su amistad con los pecadores diciendo que las personas sanas no necesitan un médico, solo los enfermos. Me hace feliz reconocerme como uno de esos necesitados, ya que me permite entrar en el círculo íntimo de los amigos de Jesús.

No hace mucho, un sábado por la mañana, estaba esperando el tren en Penn Station para ir a la playa al sur de Long Island. Era mi día libre y vestía ropa informal. Mientras estaba sentado en una cafetería desayunando, un hombre se me acercó, y supuse que era para pedirme dinero. Él ni siquiera me dio tiempo para decidir lo que debía hacer.

—Señor, me encantaría desayunar también. ¿Me podría regalar cinco dólares? —me dijo.

—Bueno —le contesté—. ¿Qué tal si le compro un desayuno como este que me estoy comiendo.

—Es usted muy amable, señor, pero compro mi desayuno a la vuelta de la esquina y siempre es un panecillo bajo en grasa con queso crema.

Me reí para mis adentros, impresionado tanto por su audacia como por su menú de desayuno. Noté que otro cliente nos estaba observando. Cuando me vio que metía la mano en el bolsillo, dejó escapar un grito como queriéndome decir: «Usted está loco». Más por pereza que por bondad, decidí arriesgarme. Le dije: «Amigo, voy a darle el dinero para que vaya a comprar su desayuno. Solo le voy a pedir que me traiga el recibo de compra». Lo único que tenía en ese momento era un billete de veinte dólares. No estoy seguro de quién estaba más sorprendido, si el otro cliente que nos observaba o el hombre con un gusto culinario tan especial que me pedía dinero.

Pasaron unos cinco minutos y ya estaba a punto de marcharme. Sabía que tendría que mirar al astuto neoyorquino de la mesa del lado y admitir mi derrota. Pero entonces, apareció nuestro amigo. En una mano traía un panecillo bajo en grasa con queso crema y en la otra, unos billetes, algunas monedas y el recibo de compra. Con una sonrisa en el rostro, me miró y dijo: «Su cambio, señor. Que tenga un buen día». No recuerdo si me resistí a mirar al otro cliente. Probablemente no. Al momento que aceptaba el cambio le dije lo mucho que me había inspirado. No todo el mundo habría hecho lo que él acababa de hacer, lo que me demostraba que se trataba de un hombre muy bueno. Entonces le dije que yo era un sacerdote. «¿Qué es eso?», me preguntó sorprendido.

«Soy ministro. Ya sabes, soy pastor».

Sus ojos se agrandaron, y cuando salía del restaurante, dejó escapar un grito: «¡Me he ganado la lotería de Jesús!». Yo estaba en un alegre estado de conmoción. El otro cliente no pudo resistirse y me comentó: «¡Nunca había sido testigo de algo tan hermoso como esto!».

Creo que el hombre del panecillo bajo en grasa realmente se ganó la lotería de Jesús. Él hizo lo correcto y percibió su triunfo moral como un signo de la misericordia de Dios en su vida.

A veces se dice que la vida es como la fotografía: usamos los negativos para revelar la imagen. Esto parece ser cierto con respecto a nuestros pecados, siempre y cuando aprendamos de ellos. Jesús le dijo a María Magdalena que no la condenaba. Por supuesto, tampoco estaba condonando su pecado. Simplemente le dijo: «Vete, y no peques más».

Hemos dicho que una parte importante de la fe cristiana es tener conciencia del poder de Dios para convertir el mal en bien. Esto es especialmente evidente en el caso de nuestros pecados. Mira lo que Francisco de Sales dice acerca del pecado: «El escorpión que nos pica es venenoso cuando lo hace. Sin embargo, convertido en aceite se convierte en un poderoso antídoto contra su propio aguijón. El pecado es vergonzoso solo en el momento que lo cometemos. Transformado en confesión y arrepentimiento, es honorable y trae salvación».[2] Lo que hace esto cierto no es la naturaleza del pecado, que es horrible y nociva, sino el poder de Dios, que está lleno de infinita misericordia.

En la vida de gracia, ningún error es final. Dios siempre nos dará la bienvenida de nuevo, sin importar cómo luzca nuestro pasado ni cuántos agujeros tengamos en el alma. Donde hay vida, hay esperanza. Y podemos agregar que donde hay esperanza, hay serenidad.

Señor, sé que me he ganado la lotería de Jesús. Estoy lleno de pecado. No merezco ser llamado tu hijo. Sin embargo, tú me has cobijado y me has ofrecido tu misericordia. Gracias por morir en la cruz por este pecador indigno. Te amo y hoy trabajaré con empeño para mostrarle misericordia y amor a cada persona con la que me encuentre.

CAPÍTULO 14

La gratitud es un camino a la paz

La Biblia hebrea registra la historia de muchas mujeres heroicas para nuestra edificación. Desde Eva, la madre de todo lo viviente, hasta Débora, aquella sabia juez-guerrera que gobernó a Israel con mano firme, hasta Rut, quien permaneció junto a su suegra Noemí con lealtad sin igual, cada una representa virtudes que todos debemos emular. Estas mujeres valientes, llamadas a vivir una vida extraordinaria en circunstancias difíciles, se destacan como modelos eternos para nosotros. Otra de estas mujeres fue Judit, un personaje increíble que salvó al pueblo judío de la embestida del ejército asirio.[1] Judit era una mujer sabia para su edad, valiente en la defensa de su pueblo y fiel a su Dios. Con fe y astucia, derrotó y mató a uno de los más temibles guerreros del mundo antiguo, el general asirio Holofernes, liberando así a Israel de las garras de la dominación extranjera.

Sin embargo, además de su valor y sabiduría, otra característica sorprendente de Judit y que a menudo pasa desapercibida es su gratitud, una virtud nacida de reconocer la bondad providencial de Dios en su vida y en las vidas de sus hermanos israelitas. Como forma de censura a sus compatriotas por su falta de confianza en Dios, ella se aferra a esa confianza en medio de las dificultades. Incluso en los peores momentos, su fe en Dios y su gratitud por su fidelidad no flaquean. Tal vez la calidad más notable en la gratitud de Judit es su capacidad para darle gracias a Dios aun cuando sus bendiciones están ocultas de la vista. La mayoría de nosotros agradecemos los dones que recibimos y que resultan obvios, pero Judit lleva su gratitud a un nivel totalmente distinto, tomando hasta las molestias que experimenta como bendiciones que vienen de la mano de un Dios amoroso. En medio de grandes pruebas sin final a la vista, Judit exhorta a sus compatriotas en los siguientes términos:

Por todas estas razones debemos dar gracias al Señor nuestro Dios, quien nos está poniendo a prueba como a nuestros antepasados. Acuérdense de lo que hizo con Abraham, de cómo puso a prueba a Isaac, y de lo que le pasó a Jacob en Mesopotamia de Siria, cuando estaba cuidando las ovejas de su tío Labán. Él no nos ha sometido a la prueba del fuego como a ellos, ni nos trata así por venganza; cuando él castiga a los que se acercan a él, lo hace para corregirlos (Judit 8.25-27).

Una de las paradojas de la vida es que mientras más tenemos, más proclives somos a quejarnos cuando algún detalle está fuera de lugar. Como niños malcriados, empezamos a pensar que nos merecemos todo lo que hemos recibido gratuitamente, o al menos con la ayuda de otros. Por el contrario, muchos que han sufrido penurias y sufrimientos parecen más capaces de expresar gratitud cuando alguien se acerca a ellos con amabilidad o cuando de repente las cosas dan un giro para bien.

Piensa por un momento en un alma agradecida. Piensa en las veces que te has sentido abrumado de gratitud. Yo puedo pensar en algunas, y esos momentos de gratitud fueron también las ocasiones en que mi alma ha estado más en paz. Son los momentos de serenidad y alegría. Cuando le pedimos a Dios la serenidad para aceptar las cosas que no podemos cambiar, le estamos pidiendo que nos permita ver todo lo bueno que ya ha hecho por nosotros y estar agradecidos por ello.

No es fácil ser agradecido. Con frecuencia, simplemente olvidamos agradecerles a los demás por ser amables con nosotros. Estamos muy ocupados y damos todo por sentado: desde la comida que nos han preparado y tener ropa limpia que ponernos hasta el email de un amigo cuando hemos estado enfermos. Irónicamente, a menudo invertimos más energía en pedir favores que en dar gracias por los que recibimos. Cuando necesitamos algo, somos capaces de mendigar, molestar, suplicar, recordar y prometer. Podemos ser muy ingeniosos para obtener lo que necesitamos o deseamos. Sin embargo, una vez recibimos el favor, es a menudo muy fácil pasar a lo siguiente en la lista sin un pensamiento o una palabra para la persona que lo hizo posible.

Jesús trajo este punto a colación con mucha energía en uno de sus milagros de sanidad más conocidos. Si estás familiarizado con los relatos del evangelio, podrás recordar cuando Jesús sanó a diez leprosos de su enfermedad. Estos salieron a su encuentro gritando y rogándole que hiciera algo por ellos. Desde lo lejos, clamaron: «¡Jesús, Maestro, ten compasión de nosotros!» (Lucas 17.13). Y sintiendo compasión por ellos, Jesús les dijo que fueran y se presentaran ante los sacerdotes, algo que se requería para la verificación de su sanidad y para poder reintegrarse a la sociedad de la que su lepra los tenía marginado. Mientras iban camino del templo, se hizo el milagro: quedaron limpios de su lepra. Al descubrir que estaba sano, uno de ellos se devolvió alabando a Dios en alta voz. Se acercó a Jesús, se postró a sus pies, y le dio las gracias. El escritor del evangelio dice que este hombre ni siquiera era judío; era un samaritano. Jesús respondió al buen hombre con un toque de tristeza, preguntándole: «¿Acaso no eran diez los que quedaron limpios de su enfermedad? ¿Dónde están los otros nueve? ¿Únicamente este extranjero ha vuelto para alabar a Dios?» (Lucas 17.17-18). Luego le dijo al hombre: «Levántate y vete; por tu fe has sido sanado» (v. 19).

Me preguntó, ¿por qué Jesús se puso tan triste por la falta de gratitud de los otros nueve hombres? ¿Se habrá sentido menospreciado, engañado por no recibir las gracias que le debían? No me parece que haya sido por eso. Creo que pudo haber habido una razón más profunda para la tristeza de Jesús. El ser agradecidos nos hace mejores personas. Dar las gracias es una virtud de las almas nobles. Revela nuestra capacidad de ir más allá de nosotros mismos y de nuestro interés para reconocer la bondad de los demás. Jesús seguramente se entristeció porque él tenía la esperanza de que su regalo hiciera de los leprosos mejores hombres. Él también quería que sus corazones y almas fueran limpiados y sanados, no solo su piel. Y porque la gratitud nos hace mejores, también nos hace más libres. Ser capaces de olvidarnos de nosotros mismos aunque sea por un momento es el primer paso hacia un espíritu verdaderamente libre.

A veces, la gratitud nace de forma natural, especialmente cuando todo va bien en nuestras vidas. Es relativamente fácil ser agradecidos de manera espontánea cuando el sol está brillando en todos los rincones de nuestra existencia. Sin embargo, es muy distinto ser agradecidos cuando no todo es maravilloso. En cualquier momento de nuestra vida, tú y yo tenemos que tomar una decisión. En nuestras vidas hay cosas que son buenas y agradables, y otras que son duras y desagradables. Podemos optar por enfocarnos en lo corrompido o en lo bueno y hermoso. Dependiendo de lo que elijamos, nuestra tendencia nos llevará a vivir amargados y enojados o agradecidos y felices.

Imagina, por un momento, que te levantas por la mañana y empiezas a pensar en el día que te espera. Haces un recorrido mental por las actividades del día, con todos sus posibles altibajos. También recuerdas el ayer, con todas sus tristezas y momentos difíciles, así como sus momentos hermosos y agradables.

¿Que tendrá prioridad en tus pensamientos? ¿Qué determinará tu estado de ánimo y tu perspectiva para el día que recién comienza? Esto no es solo una cuestión de tener una disposición natural para el optimismo o el pesimismo. Algunos de nosotros vemos naturalmente el «lado bueno», mientras que otros tienden a ver primero lo negativo, pero más allá de esta inclinación innata, también escogemos en qué nos enfocaremos.

Lo interesante es que, al menos en mi experiencia, cuando decidimos ser agradecidos, también nos volvemos más confiados, optimistas, serenos. ¿Y a qué se debe eso? A que cuando vemos lo bueno, o al menos el lado bueno de lo que nos ocurre, nos volvemos más conscientes de todo lo positivo que hay en nuestras vidas, y todo el amor y cuidados que recibimos. Y este es el tipo de conciencia que provoca una perspectiva más optimista y confiada: nos damos cuenta de que, a pesar de que hay cosas que no podemos cambiar, vamos a estar bien.

No necesitamos vivir una quimera para llegar a ser personas más agradecidas. Tampoco tenemos que eliminar la incredulidad ni convertirnos en soñadores utópicos. Todo lo que necesitamos hacer es vivir con los pies en la tierra y reconocer todo lo bueno que hemos recibido.

Uno de los hombres más brillantes que han existido, el gran pensador medieval Tomás de Aquino, escribió extensamente sobre las virtudes y trató de clasificarlas lógica y sistemáticamente. Él adoptó las «virtudes teológicas» específicamente cristianas de la fe, la esperanza y la caridad; así como las clásicas «virtudes cardinales» de la prudencia, la justicia, la templanza y la fortaleza. ¿Y dónde en este sistema estaba el agradecimiento o la gratitud? Aquino vio la gratitud como parte de la justicia. Él razonó que, como virtud, la justicia nos predispone a darle a cada uno lo que merece, y la gratitud es lo que le debemos a nuestros benefactores. Por lo tanto, somos justos con ellos cuando les damos las gracias. En otras palabras, buscar lo bueno en nuestras vidas para agradecer adecuadamente a quienes nos han ayudado es parte de ser justos; justos con Dios y con nuestro prójimo. Ser agradecido es simplemente justicia. La otra cara, por supuesto, es también cierta: cuando dejamos de dar gracias, estamos en un sentido siendo injustos hacia los que han sido buenos con nosotros.

Tal vez la mayor festividad verdaderamente estadounidense en los Estados Unidos es el día de Acción de gracias.[2] Este se celebra todos los años el cuarto jueves de noviembre y la festividad se remonta tradicionalmente a una celebración que tuvo lugar en Plymouth, Massachusetts, en 1621. El primer día oficial de Acción de gracias, a nivel nacional, se celebró el 26 de noviembre de 1789, y fue proclamado por el presidente George Washington «como un día de público agradecimiento y oración para reconocer con corazones agradecidos los muchos favores y señales de Dios Todopoderoso».[3] Aunque al pensar en el día de Acción de gracias pensamos principalmente en una reunión familiar, con el querido pavo, puré de patatas, salsa de arándanos, pastel de calabaza y uno o dos partidos de fútbol de la NFL, el día gira en torno a la idea de la gratitud. Se nos anima a reconocer todas las dádivas que hemos recibido y a dar gracias a nuestros benefactores. Y el aspecto central de esta fiesta es la gratitud a Dios por su cuidado providencial de nosotros y de nuestros seres queridos.

Resurgir de los escombros de nuestras vidas para ver la belleza que también hay allí es una experiencia tremendamente liberadora. Las circunstancias tristes y difíciles en nuestras vidas amenazan con sumergirnos en una prisión de angustia y autocompasión. A veces nos sentimos tan oprimidos por el mal y la tristeza, tan atados por nuestras dificultades y tribulaciones, que nos falta la motivación mínima necesaria para salir y hacer algo. Ser agradecidos es abrir los ojos a la belleza y darnos cuenta de que hay amor y bondad, incluso detrás del dolor y las dificultades en nuestras vidas. Somos importantes para alguien. Alguien está pendiente de nosotros. Alguien está velando por nosotros. Detrás de estas dádivas está el dador, el mejor de los compañeros, amante, ¡y ese Dador es Dios!

Cuando eras niño, probablemente te decían: «Cuenta tus bendiciones». Este sencillo refrán popular encierra una gran verdad. Cuando nos detenemos y enumeramos las muchas maneras en que nuestras vidas son maravillosas, vemos más allá de nosotros mismos. Salimos de la cárcel de todo lo negativo que nos detiene como si lleváramos grilletes. Dar gracias por lo que no podemos cambiar puede ser un paso crítico hacia la serenidad que buscamos.

Señor, hoy te prometo ser más consciente de mis muchas bendiciones. Encontraré momentos a lo largo del día para decir: «Gracias», tanto a ti como a las personas en mi vida que han sido buenas conmigo. También intentaré darte las gracias por las dificultades en mi vida. Sé que tienes un plan a fin de usarlas para mi bien.

CAPÍTULO 15

Todo es cuestión de alegría

Tal vez viste, en el 2000, la aclamada película *Chocolat*, donde la encantadora actriz Juliette Binoche interpreta a Vianne Rocher, una provocativa y atea confeccionadora de chocolates que «libera» a una pequeña provincia francesa que vivía bajo un lúgubre manto de moralidad cristiana. Vianne abre una tienda de chocolates en medio de la Cuaresma (por supuesto) y le enseña a la gente del pueblo cómo redescubrir la alegría, abrazando la tentación en lugar de resistirse a ella. El mensaje implícito es que el cristianismo podría ser el mayor obstáculo para nuestra felicidad.

A menudo, la moralidad cristiana se presenta como una serie de prohibiciones: no hagas esto, no toques aquello, mantente alejado de eso otro. Y esta no es tampoco la perspectiva del cristianismo solo en la cultura popular. A veces también permea nuestra propia mentalidad. Por ejemplo, ¿cuántas veces has respondido, ya sea directa o indirectamente, a una invitación para pasar un buen rato de diversión ilícita con un: «Me encantaría, pero no puedo, soy cristiano». Esto es lo mismo que si dijeras: «Mis padres no me dejan». ¿Con cuánta frecuencia la fe te ha parecido más una maldición que una bendición? ¿Como si fuera un peso añadido en la vida en vez de una buena noticia de liberación? Esto no suena a serenidad de alma.

Incluso el mensaje del evangelio puede parecer riguroso e inflexible. Es el propio Jesús, después de todo, quien les dice a sus seguidores en términos inequívocos: «Si alguno quiere venir en pos de mí, niéguese a sí mismo, tome su cruz y sígame» (Mateo 16.24, RVR1960). Cuando un joven muy agradable viene a Jesús en busca de orientación moral, Jesús le dice: «Vende todo lo que tienes, da el dinero a los pobres, entonces ven y sígueme». Y Jesús resume su enseñanza sobre la abnegación con estas palabras: «Porque todo el que quiera salvar su vida, la perderá; y todo el que pierda su vida por causa de mí, la hallará» (Mateo 16.25, RVR1960).

Todo esto suena como si los paganos tuvieran razón. ¿Acaso el cristianismo es solo malas noticias? Lo extraño es que el cristianismo afirma ofrecer un mensaje de gozo. Buenas noticias. Una y otra vez, este mensaje nos sorprende. ¿Recuerdas la gran proclamación de la Navidad?

> *El pueblo que andaba en la oscuridad vio una gran luz; una luz ha brillado para los que vivían en tinieblas. Señor, has traído una gran alegría; muy grande es el gozo. Todos se alegran delante de ti como en tiempo de cosecha, como se alegran los que se reparten grandes riquezas. Porque nos ha nacido un niño, Dios nos ha dado un hijo, al cual se le ha concedido el poder de gobernar. Y le darán estos nombres: Admirable en sus planes, Dios invencible, Padre eterno, Príncipe de la paz (Isaías 9.2-3, 6).*

Y esto es solo el principio. El ángel Gabriel saluda a María con la aclamación: «¡Salve, muy favorecida! ¡El Señor es contigo!». Cuando María, ya embarazada, visita a Elisabet, el bebé Juan Bautista salta de alegría en el vientre de Elisabet. Y en el nacimiento de Cristo, los ángeles proclaman «nuevas de gran gozo, que será para todo el pueblo». En su vida pública, Jesús anuncia: «Yo he venido para que tengan vida y la tengan en abundancia», ¡y hasta el austero San Pablo «manda» a los cristianos a estar alegres! «Alégrense siempre en el Señor. Repito: ¡Alégrense!» (Filipenses 4.4). En sus últimas instrucciones a los tesalonicenses, Pablo expresa esta alegría como la voluntad de Dios para ellos: «Estén siempre contentos. Oren en todo momento. Den gracias a Dios por todo, porque esto es lo que él quiere de ustedes como creyentes en Cristo Jesús» (1 Tesalonicenses 5.16-18).

¿Qué significa todo esto para nosotros, los modernos seguidores de Jesús? Con solo mirar el noticiero de la noche es suficiente para sentir cómo desaparece toda la alegría que podamos experimentar. ¡Así de deprimente es la situación del mundo en el que vivimos! Más fácil es identificarnos con el himno Salve Regina, que dice que estamos «gimiendo y llorando en este valle de lágrimas». A veces, la vida parece una carga, y sin embargo, ¿se supone que, de alguna manera, debemos aceptarla serenamente?

Ya hemos hablado de la paz que Jesús prometió a sus discípulos: una paz que el mundo no puede dar. La alegría cristiana es justo eso. Es un regalo para aquellos que conocen a Dios y lo llevan en sus corazones. Si tenemos esa paz más allá de todo entendimiento, si la alegría espiritual brota del interior, entonces somos capaces de aceptar muchas cosas que no podemos cambiar.

No obstante, esto es difícil de tragar sin una explicación. Esta «alegría» no es lo mismo que «diversión», «jovialidad» o «risas», ni otras maneras superficiales de sentimientos de felicidad. La diversión es maravillosa, pero no es todo lo que la vida tiene para ofrecer. Estar siempre buscando y esperando diversión se convierte en una manera infantil de vivir y destruye la oportunidad de ir tras algunas de las actividades más importantes de la vida. Si bien los compromisos más profundos de amor, familia, amistad y carrera profesional demandan que nos mantengamos enfocados en el trabajo y la responsabilidad, estos también proporcionan una satisfacción duradera que eclipsa a la mera diversión. La diversión, al igual que el postre, nunca puede ser el plato principal en nuestras vidas.

La alegría más profunda viene de saber que somos amados, que Dios nuestro Padre nos tiene en la palma de su mano. Dios tiene todo bajo control y podemos descansar en él. Incluso la vida moral cristiana se torna hermosa —a pesar de sus muchas dificultades— cuando nos damos cuenta de que Dios nos pide lo que él simplemente hace por amor a nosotros. Lejos de ser impuestos como una carga arbitraria para impedir que nos divirtamos, nos ofrece sus preceptos para iluminarnos el camino de la alegría verdadera y duradera.

A veces me he sentido un poco culpable por ser una persona alegre, pues me parece como si estuviera siendo insensible ante los muchos sufrimientos de otros. En ocasiones pienso: *¿qué derecho tengo para sentirme alegre cuando tantos otros están viviendo en medio del dolor?* La banda de rock *Jethro Tull* lo expresa así: «¿Cómo puedes reír cuando tu propia madre está pasando hambre?». A pesar de las buenas intenciones de esta idea, veo detrás de ella un error fundamental. Es cierto que en el mundo hay una gran cantidad de miseria y de injusticia, pero ser un «cristiano amargado» (como diría el papa Francisco) o rechazar la alegría, incluso en nombre de la solidaridad con los que sufren, no hace del mundo un lugar mejor. Todos necesitamos una razón para la esperanza. Ver la verdadera alegría en otras personas nos permite creer que la alegría es posible y alcanzable. Visto de esta manera, la alegría puede ser hasta contagiosa. Se puede extender más allá de nosotros mismos y hacer la vida de otras personas un poco más alegre. En mis viajes, siempre me ha sorprendido la gran cantidad de alegría que abunda en muchas de las regiones más pobres del mundo. En los barrios pobres de Sudamérica, Haití y África hay más gente sonriente y feliz que en muchas partes de la Europa opulenta. A pesar de todas las penurias reales, la gente todavía puede experimentar alegría.

Siempre me ha intrigado la orden de San Pablo de que las comunidades cristianas practiquen la alegría. Recuerdo que hace muchos años me cuestioné: ¿cómo puede ser posible? ¿Acaso la alegría no es solo un sentimiento, una emoción que va y viene como le place? ¿Cómo se nos puede ordenar sentir de una cierta manera? Creo que sí existe una alegría espontánea que experimentamos sin buscarla. Sin embargo, también existe una alegría que es una decisión, incluso una virtud. Podemos elegir vivir alegres y dar alegría a otros, y esto parece ser más importante ahora que nunca antes. Hace años, el gran teólogo suizo Hans Urs von Balthasar escribió: «En medio de todo el miedo que caracteriza a nuestro tiempo, los cristianos estamos llamados a vivir con gozo y comunicarlo a los demás».[1] La alegría es un regalo que los cristianos están llamados a compartir con el mundo.

Uno de los medios que tenemos para ser personas más felices es enfocarnos en los regalos increíbles que recibimos a través de nuestra fe. Experimentar la victoria suprema que Cristo ganó sobre la muerte y el pecado es tener una razón para estar alegres sin importar cuáles sean las circunstancias en nuestra vida. Jesús compara su reino con un tesoro escondido en un campo. Él describe a una persona que descubre el tesoro, y luego lleno de alegría sale corriendo a vender todo lo que tiene para comprar el campo con el tesoro en él (Mateo 13.44-46). El hombre podría sentirse triste pensando en todo lo que está vendiendo, pero no es así. Él está enfocado en su buena suerte al haber encontrado un verdadero tesoro. La alegría que lo embarga es simplemente abrumadora. O pensemos en un hombre que descubre al amor de su vida y se casa con ella. Sería muy extraño si marchara triste por el pasillo, angustiado por haber dejado atrás a todas las demás mujeres en el mundo. La alegría de su matrimonio hace desaparecer los sacrificios que su elección conlleva.

¿Qué te impide ser verdaderamente feliz? ¿Es el sufrimiento? No lo creo. El sufrimiento no mata la alegría. La alegría es compatible con todo, excepto con el pecado y con un corazón dividido. Cuando le damos a Dios solo una parte de nuestro corazón, solo una parte de nuestras vidas, sabiendo que él lo quiere todo, terminamos tristes y frustrados. Nuestros corazones están hechos para amar sin condiciones, sin límites. La generosidad produce alegría; las medias tintas, no. Piensa en las personas más felices que conoces. ¿Acaso no son las personas más altruistas y generosas? Las personas alegres son también las más capaces de aceptar las cosas que no pueden cambiar.

He aquí un recordatorio para concluir la primera parte de nuestra jornada: continúa recitando la Oración de la Serenidad todos los días, o hasta varias veces al día. Más que una comprensión intelectual, le estamos pidiendo a Dios que obre un milagro en nuestros corazones para que podamos convertirnos en hombres y mujeres llenos de serenidad, valor y sabiduría. Este milagro ocurrirá si llamamos a la puerta del corazón de Dios, si le suplicamos que nos dé el don de una vida sencilla, llena de su presencia.

Señor, no tengo nada de qué quejarme. Me has dado la vida y el don de la fe. Me has amado y entregaste tu vida por mí. Hoy quiero librarme de todo lo que intenta robarme la alegría. Rechazo el pecado y el egoísmo. Abrazo el amor y la sencillez. Con tu gracia, decido regocijarme.

SEGUNDA PARTE

Valor para cambiar las cosas que sí puedo cambiar

Al adentrarnos en la segunda parte de la Oración de la Serenidad, quiero recordarte una vez más que debes mantenerte orándola todos los días, y hasta varias veces al día, mientras me acompañas en este camino hacia la paz y la alegría que Dios quiere para ti. Recitar la Oración de la Serenidad es un hábito que se quedará contigo por el resto de tu vida. Crecer en el conocimiento espiritual sin crecer al mismo tiempo en una fe práctica y viva es peligroso para el alma, porque tiende a embotar la conciencia y a endurecer el corazón. ¿Has conocido alguna vez a un pastor o sacerdote que sabía todas las respuestas correctas y se conocía la Biblia de tapa a tapa, pero que trataba mal a la gente? Le puede pasar a cualquiera de nosotros, clérigos o laicos. Podemos leer montones de libros espirituales, estudiar la Biblia, ir a la iglesia, pero nunca llegar a una relación profunda y personal con Jesús que transforme nuestras vidas.

Ora, ora, ora. Esta es la manera de leer este libro.

Al analizar los tres elementos de la primera parte de la Oración de la Serenidad —serenidad, aceptación y reconocimiento de las cosas que no podemos cambiar— las hemos visto en detalle y tratado de entender sus consecuencias prácticas para nuestras vidas. La segunda parte de la Oración de la Serenidad también tiene tres componentes: valor, cambio y cosas cambiables. Vamos a examinar cada uno de ellos con mayor profundidad, pero nos ayudaría comenzar con un sentido de lo que queremos decir con cada uno de ellos.

El valor, o la «fortaleza», es una virtud. Se le ha reconocido como tal desde la época clásica y fue considerado por los antiguos como una de las cuatro «virtudes cardinales», junto con la prudencia, la justicia y la templanza. Para ellos, el valor es «cardinal» en el sentido de que es «central»; es decir, es una virtud primordial de la que dependen otras virtudes. A menudo asociamos el valor con los guerreros, y no cabe la menor duda de que el campo de batalla es un lugar donde el valor resplandece con una intensidad particular. Sin embargo, el valor, sobre todo en nuestros días, se extiende mucho más allá de las trincheras y de los acorazados. Lo practican madres que enfrentan con valentía las dificultades y se exponen a veces hasta al ridículo debido a su dedicación diaria a sus familias, lo ejemplifican los misioneros que a menudo predican el evangelio con gran riesgo personal, o los jóvenes que viven de acuerdo a sus ideales sin importarles el costo.

Cambiar las cosas requiere valor para abandonar el cómodo statu quo de nuestras vidas e irrumpir en lo desconocido de los «qué tal si». Requiere sacrificio, pues nada se logra sin pagar un precio. Algunas personas disfrutan con los cambios, como mi madre, que si hubiera podido, se habría mudado de ciudad todos los años... ¡solo por la aventura de hacerlo! A otros les cuesta cambiar cualquier cosa e instintivamente se erizan ante la más mínima sugerencia de hacer algún cambio por pequeño que sea. Mi padre, por ejemplo, habría preferido nunca haberse tenido que mudar de nuestra primera casa y se siente más feliz cuando puede mantenerse en su rutina diaria. A veces también podemos resistirnos al cambio debido a la influencia de otros; es decir, otras personas que son importantes para nosotros tal vez no quieren que cambiemos porque esto les puede afectar negativamente. En este caso se necesita valor para continuar en nuestra misión sin perder el empeño y aun así mantener siempre un espíritu de caridad cristiana.

El cambio, tal como lo conocemos, no es ni bueno ni malo en sí mismo. Se ha dicho, de manera simplista, que un liberal es alguien para el que todo cambio es bueno y un conservador es alguien que, para empezar, nunca debió haberse hecho nada. Ninguno de estos estereotipos refleja la mente de la persona prudente, que distingue entre el cambio bueno y el cambio malo. «Mejoría» es el término que por lo general usamos para referirnos a un cambio positivo, mientras que a un cambio negativo lo llamamos «deterioro»; es decir, un retroceso en el estado de las cosas. Cambio puede significar crecimiento o reducción, progreso o retroceso. La transformación de una oruga en una mariposa es algo hermoso; un pescado expuesto al sol durante horas sufrirá cambios que no son nada agradables. Debemos estar dispuestos a cambiar todo lo que necesita ser cambiado, pero mostrarnos reticentes al cambio por el mero hecho de cambiar.

Hacer un compromiso humilde para cambiar lo que podemos y debemos cambiar requiere una actitud de sano realismo. Como veremos en los capítulos siguientes, aceptar nuestras limitaciones reales sin dejar que eso frene nuestro entusiasmo es una señal de gran madurez y una receta para los grandes resultados.

CAPÍTULO 16

¿Podemos realmente marcar una diferencia?

La aceptación serena es solo una parte del cuadro. En la Oración de la Serenidad es lo primero que le pedimos a Dios, y es vital, pero no es todo. Dios no nos creó para ser espectadores pasivos ante el escenario del mundo. Él nos ha reclutado como sus socios y nos ha dado la libertad y la capacidad de marcar una diferencia. Puede que haya miles de cosas en la vida que no podemos cambiar; sin embargo, también hay muchas y muy importantes que sí podemos y debemos cambiar. La libertad es aterradora: nuestra libertad nos hace responsables de nuestras decisiones, y a menudo de nuestra situación. Sin embargo, también es emocionante, porque nos permite asir la vida en nuestras manos y marcar una diferencia.

Es posible que nos preguntemos: *¿cuál es el punto? Si hay tantas cosas que no puedo hacer, ¿por qué molestarme en hacer algo? Difícilmente marcará alguna diferencia.* Si miramos los enormes problemas de este mundo, nos damos cuenta de lo iluso que sería pensar que podríamos hacer una contribución significativa para solucionarlos. ¿Qué *me hace pensar que podría hacer* *algo que otros ya no hayan hecho?¿Y qué de todas las veces que lo he intentado y he fracasado?* Por otra parte, después de haber puesto nuestras vidas en las manos de Dios, ¿no sería una falta de confianza querer de repente participar activamente en nuestro destino?

¿Alguna vez has evitado hacer algo que sabes que tienes la capacidad de hacer solo porque también sabes que no lo harás a la perfección? Eso es una tentación. Dios no nos pide perfección humana; él nos pide el compromiso de hacer lo que podamos.

Hay un viejo adagio, atribuido al escritor francés Voltaire, que dice que «lo perfecto es enemigo de lo bueno».[1] Insistir en la perfección con frecuencia resulta en no mejorar nada. A menudo tenemos que conformarnos con hacer lo que es posible, en lugar de solo involucrarnos en proyectos que sabemos que alcanzarán resultados completamente satisfactorios. En otras palabras, hacer *algo* es casi siempre mejor que no hacer nada, incluso cuando sabemos que no podemos hacerlo todo. Es cierto que no podemos resolver todos los problemas del mundo. Es cierto que nuestra contribución se antoja minúscula ante las enormes necesidades de la sociedad. Sin embargo, cada poquito ayuda. A los ojos de Dios, hacer lo que podemos hacer es todo. Frances Hodgson Burnett escribió un cuento infantil titulado «La tierra de la flor azul», que leí por primera vez siendo ya un adulto. Encontré la historia encantadora y dejó una profunda impresión en mí. La historia habla de un joven rey que es criado por un anciano sabio. Él crece en un ambiente privilegiado, rodeado de belleza y bondad hasta el día que alcanza la edad suficiente para hacerse cargo del reino. Ese día, lo llevan por las calles de la ciudad y se encuentra por primera vez con la maldad y la fealdad. Al ver su consternación, los nobles le aconsejan que no mire a su alrededor, a lo que él responde:

Yo no miraría si supiera que no puedo ayudarles. No hay tiempo para mirar las cosas oscuras si alguien no puede hacerlas más brillantes. Los miro porque sé que es necesario hacer algo. Todavía no sé qué es.[2]

Aquel día, mientras el joven rey camina por los callejones y las calles laterales, viendo por sí mismo el mal y la miseria de la ciudad, piensa largo y tendido en lo que puede hacer por su pueblo. Finalmente, emite un edicto: ordena a todos y cada uno de los ciudadanos de su reino que siembre una flor azul, para lo cual el rey proporcionará las semillas. El edicto proclama:

En mi jardín en la cima de la montaña crece una flor azul. Unos de mis hermanos, los pájaros, me trajeron la semilla del jardín escondido de un emperador. Es tan hermosa como el cielo al amanecer. Tiene un extraño poder. Disipa la mala fortuna y los pensamientos oscuros. No hay tiempo para los malos pensamientos; no hay tiempo para el mal. Escuchen mi ley. Mañana se dará semillas a cada hombre, mujer y niño en mi reino, aun a los recién nacidos. Se ordena a cada hombre, mujer y niño, y hasta a los recién nacidos, plantar, alimentar y cuidar la flor azul. Es trabajo de cada uno hacerla crecer... Pueden plantarlas junto a la carretera, en una grieta de la pared, en una vieja caja, en un vaso o en la bañera, en cualquier espacio disponible en el campo o en el jardín. Pero cada uno deberá plantar sus semillas y cuidarlas y alimentarlas. El año que viene, cuando las flores azules florezcan, recorreré mi reino y repartiré mis recompensas. Esta es mi ley.

En el transcurso del año, el reino, que hasta entonces había tenido un desarrollo muy raquítico, se transformó. La gente trabajaba al aire libre, sembrando la tierra. Los borrachos, ladrones y holgazanes que nunca antes habían trabajado, salieron de sus oscuros agujeros y rincones a la luz del sol. Casi ninguno de ellos jamás había intentado cultivar una flor, pero ahora le daban mucho pensamiento al asunto. Había menos peleas y discusiones, porque las conversaciones entre los vecinos ahora siempre giraban en torno a la flor azul. Los que estaban cultivando flores azules comenzaron a cuidar mejor su entorno. No les gustaba ver trozos de papel y basura tirada por el suelo, así que la recogían. Todo el reino adquirió una nueva apariencia.

Llegó el momento de que las plantas florecieran, y la gente compartió la emoción cuando los primeros brotes verdes empezaron a abrirse camino hacia la superficie. Luego, en un espléndido día de verano, los heraldos proclamaron por las calles que el rey iniciaría en la ciudad capital su viaje por el reino, para ver el florecimiento de las flores de color azul, seguido de una fiesta en la llanura. Anduvo con gran placer por las calles, admirando la transformación que había experimentado su reino.

En su recorrido, llegó a un solar donde no había ninguna flor.

—¿Qué ha pasado aquí? Este no es un jardín descuidado. Lo han labrado y se mantiene libre de malezas, pero mi ley ha sido violada. No hay ni una sola flor azul —dijo el rey.

El propietario del solar, un pequeño niño lisiado, salió temblando ante el rey.

—¡Oh, rey! —respondió—. Solo soy un pequeño niño inválido, y me pueden quitar la vida fácilmente. No hay flores en mi solar. Cuando abrí mi paquete de semillas estaba tan contento que no me fijé que el viento soplaba y, de repente, una ráfaga se las llevó todas. No me quedó ni siquiera una. Tuve miedo de decírselo a nadie.

—Sigue hablando —le dijo el joven rey suavemente—. ¿Qué hiciste, entonces?

—No podía hacer nada —le respondió el niñito lisiado—. Simplemente limpiaba mi jardín y arrancaba toda la maleza. A veces les pedía a otras personas que me permitieran labrar sus jardines. Y siempre que salía, recogía la basura que veía tirada en el suelo y la enterraba. Pero he quebrantado su ley.

El rey desmontó de su caballo y alzando al pequeño lisiado lo estrechó contra su pecho y le dijo:

—Tú vendrás conmigo a mi castillo en lo alto de la montaña y vivirás cerca de las estrellas y del sol. Cuando arrancaste la maleza de tu pequeño jardín y cuando labraste la tierra de los demás y escondiste la fealdad y el desorden, estuviste plantando una flor azul todos los días. Has plantado más que todo el mundo y tu recompensa será la más dulce pues plantaste sin semillas.

Al igual que el niño lisiado de esta historia, nuestro efecto en el mundo siempre nos va a parecer pequeño, casi insignificante, porque no tenemos las «semillas» necesarias (talentos, energía, recursos, sabiduría); pero ante los ojos de Dios, lo que hacemos con lo que tenemos es agradable, y eso es todo lo que él ha decidido que necesita de nosotros. Inmersos en lo ordinario —la vileza— de nuestras vidas, a menudo sentimos que no estamos haciendo más que quitar la maleza de nuestros pequeños jardines desnudos, y es natural pensar que no somos productivos y que nuestras vidas carecen de importancia. Sin embargo, así no es como Dios ve las cosas. Él mira el corazón. Él los recoge frutos espirituales de nuestros corazones, en vez de los frutos materiales de nuestro trabajo. Él transforma nuestro genuino, aunque débil esfuerzo, en un éxito santo.

Cuando oramos pidiendo el valor para cambiar las cosas que sí podemos cambiar, ya estamos aceptando el maravilloso plan de Dios para nosotros: ser sus manos y sus pies en esta tierra. Cada flor que se planta y se cuida hace del mundo verdaderamente —ante los ojos de Dios— un mejor lugar. Esto no es una banalidad farisaica para hacernos sentir mejor acerca de nuestras limitaciones, sino que es una verdad que conocemos por la fe: Dios nos pide que solo demos lo que podamos dar, pues él ya se ha comprometido a ocuparse del resto; y nuestra parte, junto con la suya, es una hermosa creación.

CAPÍTULO 17

Danos hoy nuestro pan cotidiano para actuar

Cobrar el valor para cambiar las cosas que sí podemos cambiar no es una tarea fácil. Nuestras vidas son complicadas, y a veces nos encontramos con circunstancias verdaderamente abrumadoras.

Hace poco fui a Roma y publiqué en mis cuentas de Facebook y de Twitter que llevaría a la tumba de San Pedro las peticiones de oración de los seguidores que quisieran compartir conmigo sus necesidades. A los pocos minutos ya había recibido cientos, y con el tiempo miles, de súplicas sinceras para pedirle al Señor un milagro en sus vidas. Una simple promesa de orar por las necesidades especiales suscitó la respuesta más fervorosa que jamás hubiera recibido. Las peticiones de oración iban desde ruegos por sanidad física y emocional urgente hasta la restauración de matrimonios y la renovación de la fe en Dios y en la humanidad. Cuando me arrodillé ante la tumba de San Pedro, el líder de los doce apóstoles, y leí en mi teléfono todas estas peticiones de oración, sentí algo, tal vez mucho, del dolor expresado en los mensajes. Esta sensación de dolor me hizo rogar aun más fervientemente: «¡Señor, te lo suplico, no tardes! Estas personas son parte de tu pueblo. Han tenido el valor de pedirme a mí, un pecador, que ore por ellos... Por favor, escucha su clamor».

Casi simultáneamente, ante mi urgente y de cierto modo desesperado ruego por la misericordia divina, me acordé de la forma habitual en que Dios provee para nuestras necesidades: en dosis diarias, y junto con nuestros propios esfuerzos. A través de los Evangelios encontramos este método de gracia «racionada» para el bien de nuestras almas.

En una de las escenas más reveladoras en los Evangelios, los discípulos le piden a Jesús que les enseñe a orar (Lucas 11.1-4). Ellos saben que Juan el Bautista ha enseñado a sus discípulos a orar, y ahora quieren escuchar el resto de la historia de labios del Maestro. ¿Acaso su solicitud, al menos en parte, es una expresión de frustración al no ver sus propias oraciones contestadas? Han visto a algunas personas que han sido sanadas y a otras que siguen atrapadas en sus enfermedades. Han sido testigos presenciales de los poderosos milagros de Jesús, pero a menudo les desconciertan los casos difíciles cuando predican y sanan en el nombre de Jesús. Saben que Dios quiere oír sus oraciones, porque él mismo los ha enviado en su misión; sin embargo, al igual que los nuestros, sus resultados han sido mixtos.

Ahora, sin rodeos, le dicen a Jesús: «Señor, enséñanos a orar». Y Jesús les da una respuesta igualmente directa: «Cuando oren, digan: Padre nuestro que estás en los cielos...». Cada línea del Padrenuestro es una joya espiritual; una ventana por la que podemos ver directamente hacia el corazón de Dios. No obstante, hay una línea que he llegado a amar de una manera especial. La mencioné en la primera parte en el estudio de la aceptación y la serenidad, pero se ajusta perfectamente a nuestro estudio del valor: «Danos hoy nuestro pan cotidiano» (NVI).

Pan cotidiano. Para aquellos que crecimos comiendo pan marca Wonder, tal vez podríamos tener dificultades, al principio, para entender este concepto. Sin embargo, en tiempos de Jesús —y en la mayoría de los países civilizados hoy día— el pan no dura más de veinticuatro horas antes de que se endurezca y sea difícil de comer.

Y yo descubrí esto de la forma más difícil. Cuando me enviaron a Roma a estudiar filosofía y teología, me pusieron a cargo de preparar el desayuno para todos los seminaristas. Todas las mañanas, a las 5:30, recibíamos de la panadería local una entrega de pan fresco. Dependiendo de cuántas personas llegaran para desayunar, a veces nos sobraba pan. Muy pronto me di cuenta que cuando el cocinero italiano llegaba temprano en la mañana y antes que mi equipo de seminaristas llegara para ayudarle a preparar el desayuno, él descartaba el pan del día anterior. Aquello me parecía un desperdicio y asumí —precipitadamente— que el cocinero estaba confabulado con el panadero para comprar pan de más. Un día decidí ocultar el pan sobrante en una despensa y servirlo al día siguiente. Huelga decir que no duré mucho tiempo en el trabajo. Aunque el pan se veía bien cuando lo serví, nadie se lo pudo comer. Estaba viejo. Estaba duro. Era el pan del día anterior.

En el Padrenuestro, Jesús nos dice que debemos pedirle a Dios nuestro pan de cada día. Aunque a menudo me sorprendo pidiéndole a Dios que resuelva todos mis problemas de una sola vez, y algunos con mucha anticipación o quejándome por mis problemas de ayer, eso no es lo que Jesús nos pide que hagamos. Él nos invita a pedirle a Dios la gracia que necesitamos para hoy.

Si aplicamos esta idea a la Oración de la Serenidad, cuando pedimos valor para cambiar lo que sí podemos cambiar, en realidad estamos diciendo: «Señor, dame el valor que necesito hoy para hacer las cosas que quieres que haga hoy». Caminamos con Dios un día a la vez, paso a paso y a un ritmo establecido por el Buen Pastor.

Ya les conté antes sobre mi tío Dex. Como uno de mis héroes espirituales, él ha sido mi mentor en la práctica del «pan cotidiano» y el valor diario. Mientras crecía, lo conocía como el tío que no era católico y, hasta donde sabía, no era nada. Él era el arquitecto adicto al trabajo que no participaba en casi ninguna de las reuniones familiares. Cuando lo veíamos, siempre tenía una actitud amable y agradable, pero mi impresión era que siempre estaba camino a la puerta, para irse al trabajo. Entonces, llegó la crisis financiera del 2007-2008, que golpeó especialmente duro a la industria de la arquitectura, y en una ciudad joven como Nueva York los arquitectos mayores y mejor pagados, como Dex, fueron los primeros en perder sus empleos. En el 2009 despidieron a Dex y se pasó el siguiente año buscando, sin suerte, un nuevo trabajo. Frustrado y sin grandes perspectivas en Nueva York, él y mi tía Mary Ellen se mudaron a Texas, donde el costo de vida era más bajo y el mercado de trabajo era más alto.

El peregrinaje de mi tío Dex por el camino del desempleo fue duro de ver. Después de un tiempo, dejé de preguntarle por el trabajo. Yo sabía lo mucho que él amaba la arquitectura, lo bien que dominaba su oficio y el trabajador infatigable que era.

Sin embargo, resulta que solo estaba viendo una parte de su jornada. Ahora sé que incluso antes de que lo despidieran, y durante todo el período de búsqueda de empleo en Nueva York, el Espíritu Santo había estado trabajando con ahínco en su alma. Y Dex había estado cooperando. Tanto cooperó con la gracia de Dios que cuando fue atacado por una enfermedad grave poco después de mudarse a Austin, se enfrentó a ella —y todavía lo hace— con la nobleza y la fortaleza de un santo.

Un día recibí una llamada de la tía Mary Ellen. Estaba preparado para escuchar malas noticias, pues sabía que los médicos todavía no habían diagnosticado el problema y el cansancio y el dolor se agravaban. Sin embargo, en lugar de eso me dijo sonriendo: «Jonathan querido, algo hermoso le está sucediendo a Dex. No sé de qué otra manera describirlo excepto diciendo que me parece que se está enamorando de Dios. Yo siempre fui la religiosa, pero ahora es él quien me está enseñando a mí. Es simplemente hermoso».

Una de las lecciones que Dex le estaba enseñando a Mary Ellen, y luego a mí, era cómo vivir alegres y en paz en cada momento, contando con que Dios le daría todo lo que necesitaba para poder vivir con cualquier circunstancia que se le presentara... en ese día.

En el capítulo 5 compartí contigo parte de una carta que Dex me escribió explicando su experiencia del pan cotidiano. Reservé el final de esa carta para este capítulo sobre el valor.

Recordarás que Dex había aprendido a aceptar con serenidad las cosas que no podía cambiar, primero su desempleo y luego su enfermedad, porque confiaba en la providencia de Dios para recibir su pan cotidiano. Él no sentía ansiedad porque sabía que no necesitaba más que lo que Dios le daba. Pero entonces, Dex pasó al siguiente nivel de confianza y valor.

En esta parte de la carta, Dex me dice que él está aprendiendo a «compartir» con otros su pan diario, para «devolverle a Dios» —por decirlo de alguna manera— las bendiciones que Dios le ha dado a fin de usarlas en beneficio de alguien que pudiera necesitarlas más que él:

Una mañana, Mary Ellen me dijo: «Mi amiga necesita mi pan diario. Sea lo que sea, se lo voy a dar».

Y aunque todavía estaba inquieto por las preocupaciones que la familia sentía por mí, le dije al final de un día: «Hoy, mi pan cotidiano es más de lo que necesito. Se lo voy a dar a mis hijos». Los dos sabíamos por qué.

Nuestro pan cotidiano siempre es real para nosotros; tan real como cuando una de nuestras necesidades es satisfecha, y tan real como cuando el sufrimiento se agudiza.

Yo sufrí, pero mi familia y mis amigos sufrieron aun más. Quedó muy claro —tanto para Mary Ellen como para mí— que el regalo de amor de Dios del pan diario era para que lo recibiéramos con mucha gratitud y para compartirlo amorosamente con otros.

El valor para cambiar las cosas que sí podemos cambiar no requiere que seamos héroes. Por encima de todo, ese valor reside en un sí intrépido a los susurros del Espíritu Santo invitándonos a dejar de pensar en nosotros mismos para servir a los demás.

CAPÍTULO 18

Necesitamos hacer algunos cambios

El cambio no es fácil. Sobre todo a medida que avanzamos por el camino de la vida, los ideales que teníamos cuando jóvenes fácilmente dan paso a rutinas con sendas desgastadas. Nos cansamos de nuestros esfuerzos y, a veces, la desesperación produce sus frutos. Sin embargo, entre todas las razones para renunciar al cambio, están especialmente los errores que pesan sobre nosotros y que nos mantienen en el suelo. El fracaso tiene una manera muy peculiar de hacernos sentir impotentes y de robarnos el deseo de intentarlo otra vez. No obstante, si bien es cierto que nuestras acciones pasadas están entre las cosas que no podemos cambiar, sí podemos aprender de ellas y crecer en formas que de otra manera nunca hubiéramos imaginado. Uno de los tipos de cambio más importantes al que estamos llamados es a conocer en términos cristianos lo que significa el arrepentimiento. Arrepentirse es hacer un cambio, por supuesto, a favor de un mejor y más virtuoso estilo de vida.

Una de mis autoras modernas favoritas es la novelista y cuentista Flannery O'Connor. Flannery vivió solo treinta y nueve años, pero en ese corto tiempo escribió algunas de las mejores obras literarias de la literatura inglesa de todos los tiempos. Con su libro *Cuentos completos* ganó el Premio Nacional del Libro de Ficción en 1972, y en esta era de la Internet ha llegado a ser aun más popular. Ella tenía una cualidad poco común, que solo se encuentra en gigantes espirituales: ser capaz de incorporar a la perfección la fe y la razón en todo lo que escribió. Era, ante todo, una escritora de ficción, pero se pueden leer sus cuentos y salir profundamente inspirado sin saber cómo lo hizo.

Al igual que algunos de los grandes místicos espirituales que mezclaban teología, filosofía y ascetismo sin hacer distinción entre los tres (Boëthius, por ejemplo), Flannery O'Connor veía la vida cristiana como algo sin complicaciones: sin importar las cartas que te reparta la providencia, ella creía que si estamos decididos a hacer la voluntad de Dios, siempre habrá una solución santa a nuestros problemas. Ella no solo podía contar una gran historia, sino resumir para el lector y para cualquier seguidor de Jesús la esencia de las grandes preguntas de la vida. Por ejemplo, dijo una vez —y esto es importante para nuestro análisis del valor y el cambio— que un alma sana tiene tres cualidades: la gratitud, la contrición (el arrepentimiento) y la misión. Piensa en eso por un momento. ¿Conoces a alguien que sea consecuentemente agradecido, contrito, y que viva en un estado de servicio que no sea también feliz y santo? De hecho, este es el tipo de gente con los que queremos estar. Siempre están pensando en otros y viven plenamente satisfechos con ellos mismos.

El arrepentimiento es un ejercicio sicológico y espiritual saludable. Creo que Sigmund Freud se equivocó en la asignación de un papel tan negativo a los sentimientos de culpa. Él creía que la culpa surge de un conflicto entre el *superyó* dominante (una especie de huella de los padres) y el *ello* (la sede de los deseos instintivos). Según Freud, el superyó y la culpa que viene de lo irracional alejaron al individuo de la verdadera libertad. En realidad, los sentimientos de culpa, cuando se miden y se equilibran, juegan un papel importante en nuestra salud sicológica.

Cuando logramos enfrentar las consecuencias de nuestras decisiones, nos motivamos para cambiar lo que necesite cambiarse. El encubrimiento de nuestras faltas no nos lleva a ninguna parte y cierra la puerta a la conversión que todos necesitamos.

Llorar de pesar ante nuestros errores, en especial los que han hecho daño a otras personas, es saludable y purificante. Es positivo sentir remordimiento por nuestras malas acciones. Solamente los sociópatas no sienten pesar por el dolor y el daño que causan a los demás. Sin embargo, el propósito de esta tristeza no es ponernos para siempre en un estado de miseria y angustia, sino llevarnos a odiar nuestros pecados, desvincularnos de ellos y repudiarlos. «Conversión» literalmente significa un «giro hacia», o un cambio en la orientación. Conversión es lo que sucede cuando nos alejamos del pecado y nos volvemos a Dios.

Como el enemigo de nuestra alma —el diablo— es el padre de la mentira, es un experto en transformar un sentimiento saludable, como la culpa, en una fuerza destructiva si no tenemos cuidado. Si tus sentimientos de culpa persisten mucho después de haber pedido perdón a Dios, esos sentimientos ya no son de Dios. Son, más bien, los signos de la autocompasión y la desconfianza en la misericordia del Señor. La escrupulosidad —ver pecado donde no lo hay y sentirse culpable por cosas que no están del todo mal— es otra mentira que al diablo le encanta manipular.

El diablo intenta revertir la naturaleza del arrepentimiento porque sabe que es un acto piadoso y hermoso. Sabe que un corazón contrito es un corazón humilde, y que el hombre o la mujer humildes están cerca del corazón de Jesús.

¿Cómo le damos forma a un corazón contrito? Como acabamos de mencionar, se trata de un «giro», así como de un acto de la voluntad para no volver a hacer lo que hemos hecho mal. También pedimos perdón a aquellos a quienes hemos herido y traicionado. Ya sea que hayamos herido a otros con nuestro pecado o sea solo personal, debemos comenzar por pedir perdón a Dios por haber abusado del don del libre albedrío con fines egoístas. Solo él es capaz de eliminar verdaderamente nuestra culpa y hacernos nuevos otra vez.

Una de las historias de conversión más famosas de todos los tiempos es la de San Agustín, un obispo que vivió en el norte de África en el siglo IV. La conocemos gracias a un libro fascinante que escribió detallando el largo y hermoso proceso de aceptación de Dios en su vida. Si no has leído sus *Confesiones*, te lo recomiendo de todo corazón. A pesar del título, el libro no es una serie de historias escandalosas, como esas memorias donde se dice todo, sino más bien es un recuento agradecido de la misericordia de Dios y de su triunfo en la vida de Agustín. Podemos identificarnos fácilmente con la resistencia de Agustín al cambio. Para él, una vida de virtud estaba más allá de sus capacidades. Así que, pese a lo mucho que lo deseaba, la inercia del vicio lo mantuvo lejos de esa posibilidad. Como el mismo Agustín lo dijo, hablando en diálogo con Dios:

> *Y como por todas partes me hacíais conocer que todo cuanto me decíais era verdad; convencido de ella no tenía absolutamente qué responder, sino aquellas palabras lentas y soñolientas: Luego al punto, sí, luego al instante: déjame estar otro ratito. Pero este luego no tenía término y el déjame otro ratito iba muy largo.*[1]

Siempre he encontrado la «humanidad» de Agustín muy consoladora y alentadora. Cuando describe su letargo para aceptar las cosas difíciles que Dios le pide, me identifico completamente con él. Sin embargo, también pienso para mis adentros: *si él lo pudo hacer, ¿por qué yo no? ¿Y por qué no tú?*

La conversión comienza con el reconocimiento de nuestros errores, continúa con una petición de perdón, y pasa a una aceptación del regalo de perdón y a la cooperación con la gracia de Dios para comenzar otra vez. El perdón puede ser terriblemente difícil de otorgar, pero a veces también muy difícil de aceptar. Es difícil creer que hemos sido perdonados realmente y también puede ser difícil perdonarnos a nosotros mismos. Toda esta noción de «perdonarnos a nosotros mismos» es a menudo mal entendida, como si pudiéramos eliminar de alguna manera nuestra propia culpa. No podemos. El perdonarnos a nosotros mismos en un sentido real solo puede significar abrirnos al perdón otorgado libremente por otro. Esto es necesario porque con demasiada frecuencia nos aferramos a nuestros pecados, y nos negamos a liberarnos de ellos a pesar de que el perdón ya ha sido otorgado. A veces sentimos una necesidad sicológica enfermiza de seguir maltratándonos por los fracasos del pasado que ya han sido lavados. Aprender de nuestros errores es una cosa; revolcarnos en nuestra indignidad es otra.

A menudo pensamos en la conversión como un momento de cambio de vida monumental que nos marca para siempre. Para algunas personas, supongo que es así. Sin embargo, esa no es la única forma de conversión. La mayoría de la gente no tiene una experiencia dramática de conversión (¡como Agustín!), pero todos estamos llamados a una conversión diaria. Estamos llamados a reordenar nuestras vidas todos los días de nuestra existencia. San Juan, el evangelista, escribió: «Si decimos que no tenemos pecado, nos engañamos a nosotros mismos, y la verdad no está en nosotros» (1 Juan 1.8, RVR1960). A pesar de nuestra inclinación natural hacia Dios, cada día tenemos que regresar a él otra vez. Cada día tenemos que decidirnos por él de nuevo como el Señor de nuestras vidas.

En 1984, el papa Juan Pablo II escribió una carta sobre la conversión en la que resumió la idea de la penitencia y la conversión en los siguientes términos:

El esfuerzo concreto y diario de una persona, apoyado por la gracia de Dios, de perder su propia vida por Cristo como el único medio de ganarla; un esfuerzo para quitar el hombre viejo y poner el nuevo; un esfuerzo por derrotar en uno mismo lo que es de la carne a fin de que pueda prevalecer lo espiritual; un esfuerzo continuo a elevarse por sobre las cosas de aquí abajo para alcanzar las cosas de arriba, donde está Cristo.[2]

¡Qué hermosa descripción del camino para cambiar lo que puede y debe ser cambiado en nuestras vidas! En este sentido, la conversión es nuestro esfuerzo diario para ser la clase de persona que Dios quiere que seamos: un convertido feliz. Los santos, entonces, son realmente pecadores valientes, personas como tú y como yo, que no tienen miedo a cambiar porque dependen diariamente de la gracia suficiente de Dios.

Señor, dame el valor para cambiar lo que hay en mí que necesita ser cambiado. No lo puedo hacer solo, sino únicamente con tu ayuda. Por favor, perdóname por mis errores pasados y ayúdame a reconstruir mi vida de acuerdo a tu plan para mí. Tómame de la mano y guíame por donde quieres que vaya.

CAPÍTULO 19

¿Se acabaron los valientes?

En el mundo antiguo, la gente competía en el campo de batalla o en el estadio para probar su valor, pues se consideraba una de las más importantes virtudes que una persona podía tener. Hoy día hablamos cada vez menos de esta cualidad particular. La hemos reemplazado con otras virtudes que parecen más importantes para nuestro tiempo, como la tolerancia, la justicia, la imparcialidad y la conciencia ecológica. Ciertamente todas son virtudes, cuando se entienden de manera correcta; sin embargo, el valor parece haberse perdido en la confusión, y esto es una verdadera lástima.

Hacer lo correcto no siempre es fácil, y necesitamos tanto valor en los tiempos modernos como se necesitaba en las épocas pasadas. Ahora hay más atajos en nuestras vidas, y sin duda que experimentamos menos dolor físico —gracias a todo, desde la aspirina hasta el aire acondicionado y la anestesia— pero el hecho de que nuestra vida sea más fácil en algunos aspectos no significa que el valor ya no tiene cabida en la sociedad actual. Por ejemplo, aun con menos problemas de salud que en las generaciones pasadas puede requerirse más valor para mantener saludable un matrimonio. Tal vez se necesite más valor hoy que ayer para enfrentarse a la marea de la opinión popular y hablar a favor de la verdad.

El valor —o la fortaleza, como se le llama a menudo— es una virtud que nos dispone para enfrentar los retos y no acobardarnos. Y hoy día abundan esos retos.

El valor para cambiar lo que sí podemos cambiar abarca muchísimo. Hay todo un mundo allá afuera que necesita cambiar. Hay estructuras sociales injustas, políticos corruptos, bebés que mueren de hambre, trabajadores desempleados, jubilados solitarios, adolescentes desorientados, y no creyentes necesitados de fe. Y estamos tú y yo. También nosotros necesitamos cambiar.

Sin algo de fuerza de voluntad y perseverancia nunca vamos a alcanzar los objetivos que nos propusimos. A veces nos volvemos esclavos de una rutina que parece tragarnos. En ocasiones, nos sentimos como prisioneros de nuestros propios vicios, patrones de conducta y pecados. Puede tratarse del hábito de fumar, la adicción a la comida, la pornografía, la ira, el resentimiento, la vagancia, la desconfianza o cualquier otra forma de conducta de la que encontramos difícil deshacernos. Sabemos lo que debemos hacer, pero no importa cuántas veces decidamos cambiar, seguimos cayendo en las mismas trampas.

Este último año he tenido el privilegio de servir en el programa ministerial de la Universidad de Columbia. Por desgracia, el mundo académico en los Estados Unidos ha sido tradicionalmente una de las áreas de nuestra cultura donde la fe en Dios, vista como algo para las mentes débiles, es sometida a burlas o ridiculizada como algo irracional. Por esto ha sido tan reconfortante acompañar a tantos estudiantes que viven su fe contra este tipo de corrientes. Cuando me reúno con un grupo de estudiantes que estudia la Biblia un viernes en la noche y los escucho discutir con pasión e inteligencia lo que Jesús quiso decir con una parábola; cuando leo un email de un estudiante de primer año promoviendo una oportunidad de servicio a los pobres en nuestro vecindario; cuando veo una enorme multitud de estudiantes en nuestro servicio del domingo por la noche durante esas horas que son perfectas para estar estudiando… me siento honrado. Su compromiso personal con Dios y su decisión de vivir de acuerdo con su fe a través de la evangelización y otras formas de servicio, cualquiera sean las consecuencias, me motiva a querer ser un mejor ser humano y un ministro de Dios más valiente.

Señor, dame valor. Lo necesito ahora más que nunca.
No dejes que me acobarde cuando debo ser valiente.
No permitas que me rinda cuando puedo marcar una diferencia. No permitas que me conforme cuando debo y puedo hacer un mejor trabajo.

CAPÍTULO 20

Tienes un papel importante en esta obra

He leído pocos libros tan fascinantes como la trilogía de J.R.R. Tolkien, *El señor de los anillos*. Para Tolkien, sus historias no eran simplemente historias. *El señor de los anillos* es una alegoría épica de la existencia humana y de la eterna lucha entre el bien y el mal, repleta de significado y lecciones para la vida. Tolkien, un católico devoto, tenía una profunda comprensión cristiana del mundo, lo que se refleja en sus escritos. Un tema clave que emerge de *El hobbit* y de *El señor de los anillos* es la importancia de lo que el mundo considera insignificante. Los héroes de la historia no son los grandes hombres, ni los elfos inmortales, ni los enanos fornidos, ni siquiera el mago sabio y poderoso. Los héroes son los *hobbits* o *halflings*; los pequeños y amables campesinos, a los que les gusta la comodidad, que fuman pipa y que saben que no cuentan para nada en los asuntos importantes del mundo. Nos sorprenden continuamente, porque nadie espera mucho de ellos. Tal vez, más que todo, se sorprenden a sí mismos.

Es fácil pensar que son otras personas las que están cambiando el mundo. Pues, después de todo, ¿quién soy yo y quién eres tú? Si esta pregunta refleja verdadera humildad —en el sentido de reconocer que sin la gracia de Dios no podemos hacer nada— entonces es algo bueno. Todos conocemos personas que piensan que el mundo gira alrededor de ellas y tienden a ser la compañía más desagradable. Aun así, nunca debemos subestimar lo que Dios está tratando de hacer, y es perfectamente capaz de hacer, a través de nosotros. A lo largo de la historia, la mayoría de los hombres y las mujeres en verdad grandes nunca se consideraban particularmente especiales. A veces, fue una simple circunstancia lo que les permitió demostrar la calidad de su carácter.

El teólogo anglicano y convertido cardenal John Henry Newman fue uno de estos grandes hombres. Además de ser un académico extraordinario, fue un hombre profundamente devoto y piadoso, y sus oraciones escritas han sido una importante adición al gran tesoro de las devociones de la iglesia. Una que me parece particularmente emocionante es la meditación que escribió en 1848, cuando se sentía inseguro de sí mismo y poco claro sobre su caminar en la fe. En ella expresó una gran confianza en la providencia de Dios y un profundo sentido de paz por saber que Dios estaba en control. Sin embargo, también aceptaba el compromiso que Dios le estaba pidiendo.

Newman comienza su meditación con estas palabras: «He sido creado para hacer algo o ser algo para lo cual nadie más ha sido creado; tengo un lugar en el consejo de Dios, en el mundo de Dios, que nadie más tiene; sea rico o pobre, despreciado o apreciado por el hombre, Dios me conoce y me llama por mi nombre».[1] ¡Qué increíble pensamiento! Esta profunda declaración no solo era cierta para Newman, sino también para cada uno de nosotros. Y he descubierto que me ayuda mucho cuando la repito una y otra vez. Tenemos un lugar único en el corazón de Dios y una parte única en su plan para el mundo y la historia humana. Ninguno de nosotros es un accidente de nacimiento, ni un encuentro casual de gametos. Sin importar cuáles sean nuestras circunstancias, estamos aquí porque Dios nos quería aquí, y todavía lo quiere. Creemos por fe, pero también por la abrumadora evidencia de que lo que nos hace lo que somos es nuestra alma. Es la cualidad divina constitutiva de nuestro ser. Esto es cierto para cada ser humano, independientemente de la forma en que haya sido concebido, ya sea por un acto de amor en la unidad conyugal, por un acto de lujuria fugaz o incluso por un acto de violencia sexual; Dios nos creó a cada uno. En un instante lleno de amor, él sopló en la materia que se convertiría en nuestro cuerpo un alma eterna que él quiso, amó e hizo parte de su plan.

Newman continúa su reflexión diciendo: «Dios me ha creado para rendirle algún servicio determinado; me ha entregado una tarea por hacer que no ha encomendado a nadie más. Tengo mi misión; tal vez nunca la descubriré en esta vida, pero me será revelada en la próxima. De alguna manera, soy necesario para sus propósitos; tan necesario en mi lugar como un arcángel en el suyo». Esta es una declaración sorprendente para un hombre que nunca fue dado a la hipérbole. No importa quién eres, o cuán humilde tu vida pueda parecer, tu vida es críticamente importante para Dios. ¿Quién puede decir que tu papel en la historia es menos importante que el de un presidente o el del papa? Dios te necesita porque él ha decidido que te necesita. Tu papel es solo tuyo, y eres irremplazable.

Para entender esto, no podemos juzgarnos a nosotros mismos ni a los demás por las apariencias externas. Debemos colocarnos en otro plano. Sin duda recuerdas este hermoso versículo de las Escrituras: «El hombre mira lo que está delante de sus ojos, pero Jehová mira el corazón» (1 Samuel 16.7, RVR1960).

Por lo tanto, si nuestra función en la vida es tan importante, una de las tareas principales que debemos acometer es identificar esa función. Lo curioso es que Dios raramente revela todo de una vez. Nuestro papel se va revelando como los capítulos de una novela, con todo tipo de giros inesperados en la trama. Y justo cuando pensamos que hemos identificado nuestra misión,

Dios nos lanza una curva que nos hace rascarnos la cabeza mientras nos preguntamos qué más quiere de nosotros. Él ve el cuadro completo mientras que nosotros solo vemos pequeños trozos. Newman lo describe de esta manera: «Yo tengo un papel en esta gran obra; soy un eslabón de una cadena, un vínculo de conexión entre las personas. Dios no me ha creado para nada. Tengo que hacer el bien, tengo que hacer su obra; debo ser un ángel de paz, un predicador de la verdad en mi propio entorno, si lo hago, guardo sus mandamientos y le sirvo en mi llamado».

En ocasiones, solo hacer lo que se supone que debemos estar haciendo es la forma más segura de cumplir con nuestra misión. Levantarse, atender a las necesidades de los niños, ir a trabajar, visitar a un amigo, enviar un correo electrónico, separar un tiempo para la oración, limpiar la casa... tantas tareas aparentemente triviales conforman la estructura de una misión que Dios considera valiosa. No podemos calcular los efectos de nuestras acciones ni la importancia de nuestras decisiones. Solo Dios lo ve todo.

Newman concluye su meditación arrojándose en los brazos de Dios, como Jesús en la cruz, y encomienda su espíritu a Dios diciendo: «Por lo tanto voy a confiar en él».

Lo que sea, donde sea que esté, nunca me sentiré desechado. Si estoy enfermo, mi enfermedad puede servirle a él; si estoy perplejo, mi perplejidad puede servirle a él; si estoy triste, mi tristeza puede servirle a él. Mi enfermedad, mi perplejidad o mi tristeza pueden ser causas necesarias de algún gran final, que está mucho más allá de nuestra comprensión. Él no hace nada en vano. Él puede prolongar mi vida o puede acortarla. Él sabe lo que está por suceder. Él puede quitarme a mis amigos, me puede poner entre extraños, puede hacer que me sienta solo, que mi espíritu se hunda, ocultarme el futuro, y aun así sabe lo que está por suceder.

Qué gran consuelo es pensar que Dios está produciendo algo bueno —justo ahora, en este mismo instante— de los escombros de mi vida. No hay nada inútil en mi existencia. Mi enfermedad, mi tristeza, mis altibajos, mis fracasos... todo es importante para Dios. Él es quien hace nuevas todas las cosas.

El valor para cambiar lo que sí podemos cambiar depende de nuestra comprensión de lo importante que es nuestra vida. Hemos sido llamados a la grandeza —a una grandeza a la manera de Dios— y nunca debemos pensar que nuestras vidas no importan en el inmenso cuadro de la historia humana. Importan mucho más de lo que pensamos.

Señor, sin importar lo grande o pequeña que pueda parecer mi vida ante los ojos del mundo, confío en que es muy importante para ti. Hoy renuevo mi compromiso de ser valiente, contra viento y marea. No voy a ceder ante el miedo al fracaso. Voy a hacer lo que sé que tengo que hacer. Voy a cumplir mi parte en tu gran novela, aun mientras estoy esperando que me reveles el papel que me toca desempeñar. Y todo lo demás, queda en tus manos.

CAPÍTULO 21

Ante los ojos de Dios, todos somos figuras de acción

¿Has notado cuántas de las parábolas de Jesús tienen que ver con salir y hacer algo, y cuánto a él le desagrada cuando no lo hacemos? Piensa, por ejemplo, en la parábola de los talentos (Mateo 25.14-30 o Lucas 19.11-26). En esencia, se trata de una parábola acerca de un amo o rey que confía su propiedad a sus siervos, esperando que ellos sepan hacerla producir. Cuando regresa, es notoria su alegría con los que multiplicaron lo que les había dejado y solo se enoja con el último criado, que decidió enterrar su talento en lugar de invertirlo. Fíjate que este siervo no malgastó lo que le habían confiado. No lo gastó ni lo perdió. De hecho, lo conservó con mucho cuidado, para que su amo al regresar lo recuperara. Sin embargo, eso no fue suficientemente. El amo esperaba más de él. La lección, por lo menos una de ellas, es clara. Dios nos confía sus dones y tiene la intención de que actuemos. Mantener la fe no es suficientemente. Estamos llamados a difundirla.

O piensa en la parábola de Jesús sobre el juicio final, cuando reunirá a todas las personas delante de él y las separará como el pastor separa a las ovejas de las cabras (Mateo 25.31-46). Lo que me parece extraño en esta parábola es que a los condenados —las cabras— no se les acusa de ninguno de los delitos que tú y yo asociamos con una mala conducta. Jesús no dice: «Apartaos de mí, ladrones, adúlteros, violadores, asesinos». De hecho, él no menciona nada que hayan hecho mal. Su crimen fue su inacción, no su acción. Les dice: «Alejaos de mí ... porque tuve hambre y no me disteis de comer; tuve sed, y no me disteis de beber, estuve desnudo y no me vestisteis, enfermo y en la cárcel, y no me visitasteis» (RVR1960). Ellos tenían un trabajo que hacer y no lo hicieron. Se esperaba que llevaran a cabo ciertas acciones y no las realizaron.

Los ejemplos suman y siguen, y el mensaje es muy evidente. Dios nos creó para hacer el bien y no solo para no hacer lo malo. Él quiere contar con nosotros como compañeros de trabajo, en lugar de espectadores ociosos. Como Jesús dice en cierto momento: «El que conmigo no recoge, desparrama» (Lucas 11.23). La esencia del cristianismo es hacer el bien. En los Hechos de los Apóstoles, San Pedro resume el ministerio público de Jesús diciendo simplemente que «anduvo haciendo bien» (Hechos 10.38). Ser cristiano es estar asignado a una misión. Y esto significa muchísimo más que simplemente evitar el mal. El «no hacer nada malo» explica tanto el significado de la vida cristiana como el «no recibir sanciones» resume el propósito de un partido de fútbol. Un jugador que cree que está jugando bien solo porque ha evitado ser sancionado, pero que no ha hecho ninguna contribución positiva al equipo, no tardará en pasar a calentar la banca.

Tomás de Aquino llama a este tipo de pasividad —ese fracaso en actuar cuando estamos llamados a hacerlo— «pecados de omisión». Al comienzo de cada liturgia católica oramos un «acto de contrición». Pedimos perdón por haber pecado «en mis pensamientos y en mis palabras, en lo que he hecho y en lo que he dejado de hacer». Pedimos perdón no solo por las malas acciones que hemos hecho, sino también por las cosas buenas que hemos dejado de hacer: las oportunidades desperdiciadas, las inspiraciones ignoradas, o la ayuda que dejamos de dar a los necesitados. Ya que nuestra misión cristiana es salir y transformar el mundo con el mensaje del evangelio y la práctica del amor cristiano, seríamos negligentes si nuestros días y semanas pasaran sin participar activamente en esta misión. Una conciencia limpia es la que está contribuyendo a la misión de Cristo y su pueblo. Por lo tanto, un examen de conciencia verdaderamente cristiano no implica simplemente preguntar: ¿he hecho algo malo? Este también pregunta: ¿cómo he sido testigo de mi fe? ¿Cómo he vivido la caridad cristiana? ¿Cuánto tiempo he dedicado a las necesidades de los demás en lugar de solo dedicarme a las mías? En un texto fascinante que San Juan Pablo II escribió en 1981, él exhorta a los cristianos a asumir una función activa para cambiar el mundo. Con el celo de un profeta, Juan Pablo escribe que la nueva situación de hoy, tanto en la iglesia como en el mundo, «llama con una particular urgencia a la acción de los laicos fieles». Si una falta de compromiso es siempre inaceptable, él continúa, «el tiempo presente la hace aun más. A nadie le está permitido permanecer inactivo».[1] Sí, debemos aceptar con serenidad las cosas que no podemos cambiar, pero debemos igualmente cambiar con valentía las cosas que sí podemos cambiar. La misión de la iglesia nos pertenece a cada uno de nosotros. Por otra parte, Juan Pablo añade: «Puesto que el trabajo que nos espera a todos en la viña del Señor es tan grande, no hay lugar para el ocio».

El mundo solo se convertirá en lo que debería ser a través de la acción comprometida de los creyentes. No estamos llamados a esperar y ver qué pasa. El cristiano no es un observador pasivo de los acontecimientos del mundo, sino un catalizador activo del cambio. Las últimas palabras de Jesús a sus discípulos no fueron una invitación a sentarse y esperar pacientemente por la segunda venida. No les dijo que buscaran un lugar seguro donde esconderse para «mantener la fe», sino que les dijo: «Id por todo el mundo y haced discípulos a todas las naciones». Sus últimas palabras fueron una comisión enorme y formidable, una orden de marchar adelante, y estaban dirigidas a todos nosotros.

Cada cristiano está llamado a evangelizar. Habrá quien predique, otro ofrecerá consejería y la mayoría compartirá el testimonio silencioso de su fe, su esperanza y su caridad cristiana. No hay testimonio más eficaz que el amor. En su maravillosa primera carta encíclica, titulada simplemente *Dios es amor*, el papa Benedicto XVI escribe memorablemente que «un amor puro y generoso es el mejor testimonio del Dios en quien creemos y que nos impulsa a amar». Y añade: «Un cristiano sabe cuándo es tiempo de hablar de Dios y cuándo es mejor no decir nada y dejar que hable solo el amor. Sabe que Dios es amor y que la presencia de Dios se siente en el momento mismo en que lo único que hacemos es amar».[2] Este es el patrón para cada testimonio cristiano, independientemente de la forma en que se exprese.

La misión de los laicos es inmensa: hemos sido llamados a nada menos que a evangelizar al mundo, o en palabras de Jesús, a «haced discípulos a todas las naciones» (Mateo 28.19, RVR1960). Lamentablemente, a menudo, cuando una persona generosa indaga cómo puede ser más «activa» en la iglesia, la respuesta que recibe es insatisfactoria y carente de imaginación. Siempre corremos el riesgo de «clericalizar» a los laicos y «laicizar» el clero. Con demasiada frecuencia, cuando un laico quiere convertirse en un miembro activo, de inmediato pensamos no más allá de la liturgia del domingo y el consejo parroquial. Sin duda son cosas buenas, pero solo la punta del iceberg. La vida de la iglesia se extiende más allá de las puertas del edificio y más allá de la mañana del domingo.

La misión de la iglesia es cambiar al mundo. Cuando Jesús describe a sus seguidores, utiliza tres imágenes. Nos llama luz, sal y levadura. Curiosamente, estas tres imágenes comparten un hilo común: ninguna de ellas existe para su propio bien. Nadie se queda mirando un farol. Nadie se come un plato de sal o un sándwich de levadura (excepto los australianos y neozelandeses con su pasta *vegemite*). Luz, sal y levadura son elementos que están destinados a tener un efecto en otros productos. Una linterna ilumina el mundo que nos rodea. La sal da sabor a los alimentos. La levadura hace que el pan «suba». Estos son sus propósitos: cambiar el mundo que les rodea.

La luz de la iglesia no brilla solo por una hora en la mañana del domingo. Debe hacerlo los siete días de la semana. La iglesia en el mundo es la comunidad de creyentes en Jesucristo que llevan su fe en todo lo que hacen en el hogar, en la oficina, en el aula, en el centro comercial, en la fábrica, en la tienda de comestibles, en la sala de juntas. En la parroquia donde trabajo hay una anciana que alienta mi corazón cada vez que la veo. A pesar de las muchas aflicciones, dolores y dificultades de la vejez que seguramente debe soportar, todo lo que veo en ella es su sonrisa. Y su sonrisa hace del mundo —mi mundo— un lugar mejor. Para mí y para muchos otros esa anciana es un regalo. Con su sonrisa, es un apóstol de las Buenas Nuevas.

A través de nuestro bautismo no solo fuimos limpiados del pecado y bienvenidos a la familia de Dios, sino que también fuimos enviados como apóstoles a las naciones. Dios nos ha encomendado a todos la tarea de compartir la misión de Jesús. Siempre me ha impresionado que el ministerio público de Jesús haya durado apenas tres años, que haya vivido en un solo lugar, y que haya hablado solo a un número limitado y relativamente pequeño de personas. Sin embargo, su mensaje era para todo el mundo, para todos los tiempos y para todos los lugares. Esto hace que nuestro deber de difundir su mensaje de amor y arrepentimiento sea tan apremiante, considerando que es principalmente a través de nosotros que los hombres y las mujeres pueden hoy oír del evangelio y conocer a Cristo. Jesús no les dejó la misión de evangelizar el mundo solo a los profesionales. Él se la confió a cada uno de nosotros.

El Concilio Vaticano II también subrayó en términos muy enérgicos el papel emocionante y esencial de los laicos católicos: «Con motivo de su vocación especial, es responsabilidad del laicado procurar el reino de Dios ocupándose de los asuntos temporales y ordenándolos según la voluntad de Dios».[3] ¿Y qué son «los asuntos temporales»? Podrían ser las leyes civiles, la medicina, los entretenimientos, la publicidad, la vida en familia, los deportes, la construcción, la política local, la manufactura, la ingeniería, las comunicaciones; en otras palabras, ¡prácticamente todo! El Concilio añade: «Les atañe a ellos de una manera especial iluminar y ordenar todas las cosas temporales con las que están estrechamente asociados para que sean siempre efectivas y crezcan de acuerdo a Cristo y puedan ser para la gloria del Creador y Redentor». Como la serie de televisión *Misión Imposible* solía decir: «Esa es su misión, si decide aceptarla».

Oh Señor, necesito el valor para salir de la rutina de ser un espectador de la historia humana. Necesito ser creativo para identificar mi contribución, ahora y en el futuro. A partir de hoy, voy a mantener mis ojos abiertos a todas las oportunidades para marcar una diferencia positiva en las vidas de otros.

CAPÍTULO 22

Soñadores del mundo, ¡únanse!

C ambiar las cosas que sí podemos cambiar no solo requiere valor, sino también visión. Necesitamos tener un sentido no solo de dónde estamos, sino también de hacia dónde vamos. Cuando Miguel Ángel, uno de los más grandes escultores de todos los tiempos, se paró ante un enorme bloque de mármol, no empezó inmediatamente a trabajar con su cincel para ver qué le salía. Primero esbozó una idea en su mente del resultado que deseaba. Él siempre tuvo en su imaginación el resultado final que estaba buscando. Hizo bocetos y luego proyectó su idea sobre el mármol, quitando todo lo que estaba «cubriendo» su obra maestra. Así fue como surgieron la *Pietà*, el *Moisés* y el *David*. Existieron primero en la mente de Miguel Ángel y luego cobraron vida en el mármol.

Cambiar las cosas en nosotros o el mundo en que vivimos requiere de una visión, una idea de lo que estamos buscando. No podemos simplemente comenzar a cortar aquí y allá para ver qué resulta. Así como Miguel Ángel pudo «ver» la estatua terminada en el mármol antes de comenzar a esculpir, necesitamos imaginarnos cómo queremos ser nosotros mismos y la sociedad. Nuestro mundo es el mármol que se nos ha ordenado esculpir.

Así como necesitamos realismo para ver las cosas tal como son, también necesitamos idealismo para ver las cosas como deberían ser. Ambos, realismo e idealismo, son necesarios.

El realismo mantiene nuestros sueños controlados, pero el idealismo nos impulsa a extender la mirada más allá de lo que se ha hecho hasta ahora con el fin de intentar alcanzar lo que aún está pendiente. El realismo es importante porque nos impide vivir en un mundo ficticio. Evita que nos decepcionemos yendo tras objetivos inalcanzables. No obstante, sin idealismo, el realismo no nos lleva a ninguna parte. El idealismo nos desafía a ir más allá del statu quo y nos impulsa a llegar más arriba y más lejos.

Los estadounidenses nos sentimos tremendamente orgullosos del Rvdo. Dr. Martin Luther King, Jr. (sí, «reverendo» y no solo «doctor») y de todo lo que él logró por los derechos civiles en nuestro país. Como él mismo admitió, King pudo lograr todo esto comunicando una visión a otros. Él pudo ver en el futuro un tipo de mundo diferente, un mundo más justo y altruista, y su visión fue contagiosa. Él logró describir esto de una manera convincente y así las personas pudieron también visualizar este nuevo mundo en la forma en que él lo veía. A pesar de la oposición violenta a la que tuvo que enfrentarse, su visión prevaleció. Todos estamos familiarizados con ese increíble discurso que pronunció el 28 de agosto de 1963. Lo inició con esas palabras impresionantes: «Tengo un sueño», y pintó luego un cuadro de un mundo diferente con palabras tan elocuentes que cuando las oímos hoy todavía podemos ver el mundo que imaginó.

«Tengo un sueño», dijo, «de que un día en las rojas colinas de Georgia, los hijos de los antiguos esclavos y los hijos de los ex propietarios de esclavos serán capaces de sentarse juntos en una mesa de hermandad». Su sueño fue aun más lejos. Soñó «que un día hasta el estado de Mississippi, un estado desértico, sofocado por el calor de la injusticia y la opresión, se transformaría en un oasis de libertad y justicia». Y su sueño se hizo más concreto aún, imaginando «que mis cuatro hijos vivirán un día en una nación donde no serán juzgados por el color de su piel sino por el contenido de su carácter». Este fue el legado que dejó a nuestro país.

Nuestros sueños tal vez no lleguen tan lejos como los del reverendo King. Tal vez no tenemos un plan maestro para nuestra sociedad. Quizás no veamos tan claramente hacia dónde tenemos que ir para lograr un mundo más justo y libre. Sin embargo, es muy probable que podamos imaginar una mejor versión de nosotros mismos, un mejor futuro para nuestras familias. Y esta visión es fundamental para cambiar las cosas que sí podemos cambiar.

¿Alguna vez imaginaste ser mejor de lo que eres ahora? ¿Dónde te ves de aquí a cinco años? Si pudieras cambiar solo una sola cosa acerca de ti mismo, ¿qué cambiarías? Si tu cónyuge, o alguien cercano a ti, pudieran cambiar una cosa de ti, ¿cuál sería? Atreverse al cambio requiere tener una visión.

Padre Celestial, al compararme contigo, soy extremadamente miope. Expande mi visión de tal manera que pueda verme a mí mismo y al mundo como tú nos ves. Ayúdame a ser más consciente de dónde estoy y a dónde necesito llegar. Dame el valor para conformar y ejecutar una visión santa.

CAPÍTULO 23

La primera persona que debe cambiar eres tú

A todos nos gustaría cambiar a otras personas. Nos gustaría que nuestro cónyuge nos diera menos lata, que nuestros hijos nos respetaran más, que nuestros hermanos y hermanas nos trataran mejor, que nuestros compañeros de trabajo y el jefe nos apreciaran como merecemos. Además, nos gustaría que los políticos fueran sensibles y honestos, que los ricos fueran más generosos y que los otros conductores fueran más considerados en la carretera. Sin embargo, lo triste es que la mayoría de estas personas están fuera de nuestro control. La persona sobre la que tenemos la mayor influencia es uno mismo. Si queremos cambiar a alguien, ese es el lugar lógico para empezar. «¡Pero yo no soy el problema!», decimos. Hmmm... sí y no. Tú y yo somos parte del problema. Y tal vez tú y yo podríamos ser una parte más grande de la solución de lo que somos ahora.

Entonces, ¿cómo debería lucir este cambio? La clave es que debería hacernos más nosotros mismos, no menos. Todo cambio debería estar dirigido a convertirnos más en las personas que Dios tenía en mente cuando nos creó. Un buen cambio es movernos hacia una mejor versión de nosotros mismos. Un poco antes hablamos de la visión. A veces la mejor manera de vernos a nosotros mismos es imaginarnos cómo Dios nos ve. ¿Qué ve él cuando te mira? Cuando él sueña contigo, con esa mejor versión de ti, ¿a qué se parece su sueño? Él no quiere meterte a la fuerza en el molde de otra persona. Él quiere sacar a relucir la mejor versión de quien eres realmente.

A veces, cuando me presento en la televisión, tengo la desagradable tarea de usar maquillaje para que mi cara no se vea con mucho brillo ni muy descolorida por las luces, y en este ejercicio he aprendido una lección muy importante. Uno de los expertos en maquillaje me dijo un día que la clave de un buen maquillaje es que debe mejorar nuestra apariencia, no cambiarla. El maquillaje debe resaltar lo mejor de nuestras características más que hacernos ver como otra persona. (Mis hermanas seguramente me harán pasar apuros con esta analogía sobre el maquillaje, pero, ¡qué se le va a hacer!) Y me parece que esto es lo que Dios quiere de nosotros también. Como el mejor «artista del maquillaje» del alma, Dios quiere realzar nuestro carácter con las virtudes que nos embellecen, exactamente como somos.

Y la esencia es realmente esa. Muchas veces, cuando pensamos en el mejoramiento personal, automáticamente nos vienen a la mente las cosas superficiales y que tienen que ver con lo externo. Probablemente la lista la encabecen la dieta y el ejercicio. *Si yo estuviera en mejor forma*, pensamos, *ese vestido me haría lucir mejor... tendría más confianza en mí misma... haría amigos más fácilmente.* Todo eso está bien, pero, ¿son esas las cosas realmente más importantes?

Jesús nos da un codazo en otra dirección. Él nos dice que los «paganos» se emocionan mucho con respecto a la comida y a la ropa, pero se supone que sus seguidores miren más allá de esto. Lo material jamás puede ser nuestro tesoro más querido ni nuestra más alta prioridad. San Pablo, en su carta a los colosenses, escribe: «Por lo tanto, ya que ustedes han sido resucitados con Cristo, busquen las cosas del cielo, donde Cristo está sentado a la derecha de Dios. Piensen en las cosas del cielo, no en las de la tierra» (Colosenses 3.1-2). ¿Cuánto tiempo pasamos «buscando las cosas del cielo»? ¿Cuánto nos importan?

El valor para cambiar las cosas que sí podemos cambiar comienza con un esfuerzo sincero para cambiar nosotros mismos, especialmente nuestro ser espiritual.

Señor, sé que es más fácil ver las cosas que me gustaría cambiar en los demás, pero ahora me llamas a que sea yo quien cambie, y estoy listo. Muéstrame, Señor, cómo quieres que yo sea. Dame una visión sobre el tipo de persona que tenías en mente cuando me creaste. Estoy listo para poner en acción todo lo que me pidas. Mi corazón está listo.

CAPÍTULO 24

Bienaventurados los misericordiosos

Hemos visto que el valor para cambiarnos a nosotros mismos no trata principalmente de una cuestión cosmética, exterior. Las dietas y los ejercicios son importantes, pero palidecen en importancia ante la transformación interna real. San Pablo nos recuerda que mientras que «el ejercicio corporal para poco es provechoso, la piedad para todo aprovecha, pues tiene promesa de esta vida presente y de la venidera» (1 Timoteo 4.8, RVR1960). Hay un cambio interno que es mucho más valioso que cualquier cambio externo que podamos lograr. Y de todos los cambios internos que se puedan dar, ninguno es más esencial que el cambio de nuestros corazones. Estamos llamados a pensar como Cristo y a ser como él.

¿Qué hace única a la moral cristiana? ¿En qué se diferencia de la moral de otras religiones? De todas las explicaciones posibles, tal vez no haya nada tan singular sobre la enseñanza de Jesús como la centralidad de la misericordia. Sin ella, sencillamente estamos perdidos. Todos, sin excepción, necesitamos misericordia. La misericordia es un don gratuito que no habríamos podido ganárnoslo y sin el cual no podemos vivir. Sin embargo, a pesar de que la misericordia es «gratuita», tiene un precio que hay que pagar. Jesús establece que para recibir misericordia debemos mostrar misericordia. Para recibir el perdón divino debemos extender el perdón humano hacia nuestro prójimo.

Creo que la estipulación de Jesús acerca de la misericordia no es solo cuestión de ojo por ojo, como si estuviera poniéndole un «costo» a su misericordia. Creo más bien que lo que él está diciendo es que solo un corazón misericordioso es capaz de recibir la misericordia de Dios; y también, quizás más importante, que el que ha experimentado verdaderamente el amor misericordioso de Dios en lo más profundo de su alma no puede evitar ser misericordioso con los demás. Como el propio Jesús resalta cuando una mujer que se sabía que era pecadora le lava los pies con sus lágrimas y se los seca con sus cabellos: «Por lo cual te digo que sus muchos pecados le son perdonados; porque amó mucho; mas aquel a quien se le perdona poco, poco ama» (Lucas 7.47, RVR1960).

Los Evangelios confirman esto a cada paso. Jesús enseña a sus apóstoles a orar así: «Perdona nuestras ofensas, como nosotros perdonamos a los que nos ofenden». Él proclama la misericordia de ser bienaventurados porque ellos alcanzarán misericordia. Y les relata una parábola de lo más convincente acerca de un siervo cuya enorme deuda es perdonada por su amo, pero que se vuelve contra un siervo como él que le debe una suma ínfima comparada con la que le debía a su amo y que este le había perdonado (Mateo 18.21-35). Todos nuestros pecados y errores pueden ser perdonados, nos asegura Jesús, pero también tenemos que estar dispuestos a tener la misma misericordia hacia nuestros hermanos y hermanas. Aprender a perdonar nos ennoblece, haciéndonos semejantes a nuestro Padre en el cielo que es rico en misericordia.

Los antiguos tenían a la justicia como la más alta virtud humana y al «hombre justo» lo ponían en el pináculo de la moralidad. Jesús no le resta nada a la importancia de la justicia, sino que le añade más. Como dijo, él no vino a abolir la ley —o las virtudes clásicas, podríamos añadir— sino a cumplirla. La justicia que no está coronada por la misericordia es incompleta. En una de sus más hermosas cartas de enseñanza, el beato Juan Pablo II se refiere a esta misma cuestión de la misericordia y la justicia. Con toda convicción, afirma que «la justicia por sí sola no es suficiente», y que «incluso puede conducir a la negación y a la destrucción de ella misma si a ese más profundo poder, que es el amor, no se le permite darle forma a la vida humana en sus diversas manifestaciones».[1] La misericordia rompe el ciclo de la recriminación mutua y permite que reine la verdadera paz, comenzando en nuestros propios corazones.

Piensa en los conflictos que enfrenta el mundo hoy día. ¿Cuál es la raíz? Supongo que hay muchas, pero cuando miro alrededor del mundo veo una conexión notable entre las muchas áreas donde hay conflictos armados que parecen no encontrar la paz. Parecen estar atrapados en un ciclo de represalias y odio nacido del sufrimiento. *Nos han herido*, dicen los pueblos de estas regiones, *así es que atacaremos. Hemos sido tratados injustamente, así es que nos vengaremos.* Entonces los pueblos al otro lado del conflicto se sienten tratados injustamente, por lo que también proceden a atacar. Etcétera, etcétera. ¿Cuándo terminará todo esto? Solo cuando alguien tenga la generosidad y el valor de decir: ¡alto! *¡Suficiente! ¡Yo opto por la misericordia!*

Esto no es una invitación a ser débil o a abandonar los principios de la justicia. Pero a veces la justicia simplemente no es el lugar para comenzar. Es la misericordia.

Mi mayor desafío espiritual, y mi mayor bendición en el último par de años, ha sido aprender a amar a alguien cuyas opciones de vida están en franco contraste con mis creencias. Estoy hablando aquí de mi querida hermana Anne Marie, que hace un par de años le dijo a la familia que había comenzado a salir con otras mujeres. Aquello fue un duro golpe para la mayoría de nosotros, ya que conocíamos a sus novios anteriores y nunca había mencionado o expresado inclinación homosexual ni encajaba en nuestros estereotipos de una lesbiana. Al principio fue relativamente fácil manejar el asunto ya que todo parecía seguir igual que antes, pues ella no tenía una compañera seria. Asistía a nuestras reuniones familiares y nadie hablaba de ese aspecto de su vida. Ella y yo conversamos varias veces en privado sobre la situación, y lo hizo también con otros familiares, pero no puedo decir que supe qué decirle. Probablemente le dije algo como: «Anne Marie, sabes que yo creo que el comportamiento homosexual es inmoral y, por lo tanto, poco saludable para tu alma, así que no puedo animarte en eso, pero quiero que sepas que, por encima de todo, siempre te voy a amar».

Antes de seguir, debo decir que Anne Marie no solo me dio permiso para escribir sobre su situación, sino que me animó a hablar acerca de lo que ella y yo estamos aprendiendo juntos sobre cómo las familias cristianas con un miembro que se siente atraído por personas del mismo sexo pueden aprender a amarse más los unos a los otros; cómo pueden vivir la misericordia en medio de desacuerdos muy personales y delicados.

Cuando le dije a Anne Marie que la amaría por encima de todo, no tenía idea de lo difícil que se haría —es decir, lo mal que la amaría— bajo aquellas circunstancias en pleno desarrollo. Finalmente, Anne Marie comenzó a salir en serio con alguien y pronto se mudó a Washington, D.C., donde la ley les permitió casarse. Esto volvió las cosas muy difíciles para la familia. Ninguno de nosotros compartía su convicción de que estaba haciendo lo correcto. Sin embargo, todos queríamos expresarle nuestro amor incondicional. Entonces, ¿vamos a la boda o no? ¿Le enviamos una tarjeta, un regalo, o tal vez solo un correo electrónico? ¿Cómo podíamos demostrarle un amor genuino y misericordia a nuestra hermana, nuestra hija, nuestra prima, sin causar la impresión de que apoyábamos su decisión?

Después de la boda, Anne Marie decidió que no asistiría a ningún evento de la familia donde su cónyuge no fuera bienvenida. Me parece que había razones de peso, creo yo, para la decisión tomada por Anne Marie y para la incomodidad de la familia sobre el asunto de invitarlas a reuniones familiares como una pareja casada. Mis otros hermanos y hermanas, por ejemplo, tienen hijos pequeños, y ellos no querían sentirse obligados por Anne Marie a tener que hablar con sus hijos acerca de la homosexualidad en esta etapa de sus vidas. No querían que Anne Marie les presentara a su cónyuge a sus hijos como su nueva tía, con toda la confusión que aquello podría crear. La solución que sugerí inicialmente fue decirle a Anne Marie que no fuera egoísta y que simplemente asistiera sola a las reuniones familiares. Le dije que a veces hay que hacer sacrificios por el bien de los demás. Aquello no le cayó nada bien. Me explicó que durante muchos años se había sentido como si estuviera «actuando», «viviendo una mentira», pretendiendo ser alguien que no era. Me dijo que ahora simplemente no lo iba a hacer más. Me aseguró que el mero hecho de pensar en ir sola a una reunión familiar, para no ofender a nadie, le provocaba dolor de estómago.

El dilema alcanzó un punto crítico cuando todos los hermanos comenzaron a planificar la fiesta del octogésimo cumpleaños de mi papá. Desde el principio, Anne Marie dijo que preferiría no ser parte de la planificación pues se le haría muy difícil, sabiendo que no asistiría bajo las actuales circunstancias.

Estoy contando esta historia porque creo que es uno de los dilemas morales más desgarradores, complicados —y cada vez más comunes— con que nos encontramos como cristianos. Sirve como caso de estudio para el asunto más importante que nos ocupa en este capítulo: aprender a amar como Jesús amaría cuando la persona a la que estamos tratando de amar está herida, como lo estamos todos.

En nuestro caso, Anne Marie y mi familia recibimos un milagro; no fue un milagro que estremeció la tierra y que hizo desaparecer todo el dolor, la tensión y la incomodidad de la familia, pero no deja de ser un milagro. Y ahora estoy seguro de que fue el primero de muchos pequeños milagros que acercarán a nuestra familia como nunca antes.

Temprano una mañana recibí un mensaje de texto de Anne Marie preguntándome dónde podría encontrar la transcripción completa de una entrevista que el papa Francisco había dado a una revista italiana en la que explicaba cómo iba a lidiar pastoralmente con una persona homosexual. Hasta ese momento, tanto ella como yo habíamos leído solo los titulares, así que le pedí que me dejara saber lo que pensaba una vez terminara de leer la entrevista. El correo electrónico que recibí de ella más tarde aquel día me decía que algo hermoso, algo milagroso, había ocurrido en el alma de Anne Marie. He aquí parte de lo que me escribió:

Todo esto para decirte que en mi primera lectura de la entrevista del papa me sentí como si estuviera escuchando la voz de Jesús... un Jesús en el que puedo creer. En los últimos años he tenido serias dificultades para abrir una Biblia. Siento nudos en el estómago.

Ayer, experimenté a Jesús a través de las palabras de Francisco. Me habría sentido muy decepcionada si la entrevista hubiera incluido solo la sustancia de lo que se destacó en los medios de comunicación... pero no fue así. Estaba llena de empatía radical, de amor radical, de humanidad radical, mientras que en ningún momento se diluyó la comprensión del papa de la verdad objetiva. Los recortes de prensa convenientemente dejaron fuera las partes sobre las consecuencias morales que se derivan del mensaje sencillo, profundo y radiante del evangelio.

El milagro, como yo lo veo, es que Anne Marie experimentó a través del papa Francisco el amor de Dios por ella de una manera profunda. Esto no sucedió por una lectura superficial o por escoger partes del artículo que coincidieran con sus creencias. Las últimas oraciones de la porción de su correo citado aquí muestran que ella entendió perfectamente que el papa no estaba diciendo que «todo vale». Ella sabía que el papa no estaba cambiando ni negando la enseñanza de la iglesia y la Biblia sobre el sexo homosexual.

Entonces, ¿qué pasó? ¿Por qué Anne Marie se conmovió tanto por las palabras del papa Francisco? ¿Por qué mis muchos intentos a lo largo de los años, cuando trataba de decir exactamente lo que él dijo, habían sido insuficientes y su explicación fue tan convincente?

Después de mucha oración y reflexión, llegué a la conclusión de que la diferencia fue esta: mientras que yo siempre me enfocaba en «decir la verdad con amor» y «amar al pecador pero odiar el pecado», la preocupación principal del papa Francisco era comunicar el amor de Dios de una manera que Anne Marie pudiera experimentarlo. Lo hizo con misericordia, sin insistir en los puntos dolorosos que todo el mundo ya sabe que están basados en sus creencias.

Tal vez alguien pueda decir que esto solo fue un simple cambio en el tono o en la estrategia. Esa fue mi reacción inicial. Sin embargo, ahora creo que hay mucho más en la manera de Francisco que tan solo adoptar un tono más suave o seleccionar un mejor enfoque. La diferencia esencial en su forma es que él demuestra cómo amar a las personas de una manera que ellas pueden experimentar nuestro amor como amor.

Creo que esta fue la forma de Jesús. ¿Recuerdas a Zaqueo, el recaudador de impuestos? Ante los ojos de los judíos él era lo peor de lo peor, porque estaba traicionando a los suyos. Recolectaba los impuestos de sus compatriotas judíos para dárselos a los romanos, e hizo su fortuna cobrando más de lo que debía. El Evangelio dice que era rico, por lo que debe haberle robado una gran cantidad de dinero a un montón de gente y por mucho tiempo. Sabemos también que era pequeño de estatura y que no le importaba lo que la gente pensara de él, porque además dice que «corriendo delante, subió a un árbol sicómoro para verle [a Jesús]; porque había de pasar por allí». Pequeño, sinvergüenza, rico, traidor, curioso... un retrato poco simpático, sin duda. El Evangelio continúa diciendo: «Cuando Jesús llegó a aquel lugar, mirando hacia arriba, le vio, y le dijo: Zaqueo, date prisa, desciende, porque hoy es necesario que pose yo en tu casa. Entonces él descendió a prisa, y le recibió gozoso» (Lucas 19.4-6, RVR1960).

¿Qué pasó aquí? Jesús se presentó con misericordia de una manera tal que le permitió a Zaqueo experimentarlo por quién era. No invitó a Zaqueo a que bajara del árbol y que fuera con él a la sinagoga para confrontarlo con lo que decía la Ley de Moisés sobre el engaño y la mentira. Tampoco le dio una conferencia acerca de ser un pecador ni le dijo que comería con él solo bajo ciertas condiciones. No obligó a Zaqueo a ir al lugar dónde él estaba parando. ¡Hizo justo lo opuesto! «Zaqueo, date prisa, desciende, porque hoy es necesario que pose yo en tu casa». Fue al lugar de Zaqueo, donde sabía que el cobrador de impuestos se sentiría cómodo y seguro. Jesús no se acercó a Zaqueo como un predicador tratando de convertirlo, sino como un Padre y Amigo a un hijo quebrantado que necesitaba saber que era amado. Al llamarlo por su nombre, Jesús expresó fervientemente, incluso con urgencia, que el asunto era con Zaqueo y con nadie más: «Baja en seguida, porque hoy tengo que quedarme en tu casa».

Para mí, la parte más impactante y refrescante de esta historia es que Jesús no siente ninguna necesidad de explicarle a la gente por qué quería pasar tiempo con Zaqueo. Estuvo dispuesto a correr el riesgo de no ser comprendido por la gente importante. El Evangelio dice: «Al ver esto, todos murmuraban, diciendo que había entrado a posar con un hombre pecador» (Lucas 19.7, RVR1960).

Lo próximo que escuchamos de Zaqueo es que se pone en pie y le dice al Señor: «He aquí, Señor, la mitad de mi bienes doy a los pobres; y si en algo he defraudado a alguno, se lo devuelvo cuadruplicado» (v. 8). ¡Qué transformación! Zaqueo está ahora dispuesto a ir a la casa de los pobres por causa de la justicia. ¿Por qué? ¡Porque ha experimentado que Jesús le ama!

Vemos la misma empatía radical, amor radical y humanidad radical (y divinidad) en la forma en que Jesús se dirige a la mujer sorprendida en adulterio. Muchas veces se ha citado esta parábola como prueba de que Jesús siempre trataba con los pecadores recordándoles su pecado («vete y no peques más»). Sé que yo mismo lo he hecho.

Sin embargo, volvamos a leer la historia desde la perspectiva de la manera radicalmente diferente de Jesús de enseñar la misma verdad sobre el pecado y la conversión. Observa la misericordia con que actúa.

> *Los maestros de la ley y los fariseos llevaron entonces a una mujer, a la que habían sorprendido cometiendo adulterio. La pusieron en medio de todos los presentes, y dijeron a Jesús: Maestro, esta mujer ha sido sorprendida en el acto mismo de cometer adulterio. En la ley, Moisés nos ordenó que se matara a pedradas a esta clase de mujeres. ¿Tú qué dices? Ellos preguntaron esto para ponerlo a prueba, y tener así de qué acusarlo. Pero Jesús se inclinó y comenzó a escribir en la tierra con el dedo. Luego, como seguían preguntándole, se enderezó y les dijo: Aquel de ustedes que no tenga pecado, que le tire la primera piedra. Y volvió a inclinarse y siguió escribiendo en la tierra. Al oír esto, uno tras otro comenzaron a irse, y los primeros en hacerlo fueron los más viejos. Cuando Jesús se encontró solo con la mujer, que se había quedado allí, se enderezó y le preguntó: Mujer, ¿dónde están? ¿Ninguno te ha condenado? (Juan 8.3-10).*

Antes de leer las últimas palabras de Jesús a esta mujer, imagina lo que los fariseos estaban diciendo sobre Jesús y su estilo tan liberal después de que se fueron de allí y tal vez se reunieron a la vuelta de la esquina. Como ninguno de ellos se quedó para apedrear a la mujer, no tenían la menor idea acerca de lo que Jesús le dijo. Todo lo que sabían era que él tampoco la había apedreado, sino que la había perdonado y dejado ir. Y porque Jesús se preocupó tanto por comunicar su amor a esta mujer de una manera que le permitiera experimentarlo, estuvo dispuesto a correr algunos serios riesgos. Por ciertas acciones suyas, incluyendo este incidente donde se pone por encima de la ley, podrían haberlo matado. Él sabía que esto iba a pasar, pero también sabía que había venido a la tierra precisamente a salvar a los perdidos.

Después de ver a Jesús poner su vida en peligro por ella, ahora la mujer estaba lista para escuchar el resto de la historia de misericordia: la parte sobre el arrepentimiento. Cuando todos los fariseos se habían ido, Jesús se volvió a ella y le dijo: «Tampoco yo te condeno; ahora, vete y no vuelvas a pecar» (v. 11).

Desde que mi hermana Anne Marie me envió el correo electrónico que he compartido con ustedes, Dios ha estado trabajando fuertemente en mí y en otros miembros de mi familia para mostrarnos cómo tenemos que amar a Anne Marie sin renunciar a nuestros principios y creencias. En la práctica, todos hemos sentido el fuerte llamado de Dios para repensar cómo vivir como una familia cuando no estamos de acuerdo en ciertos asuntos personales y delicados.

No creo que haya una mejor manera de explicar lo que Dios ha hecho en nosotros —y sigue haciendo— sino compartiendo contigo otro correo muy personal, esta vez de mi hermana Mary Hope. Ella también me dio permiso para publicarlo. El único cambio sustancial que hice fue usar un seudónimo para la compañera de Anne Marie, a fin de proteger su privacidad.

Jonathan:

Creo que Anne Marie ya debe haberte enviado, o te enviará pronto, un correo que le envié a principios de esta semana. Como te dije hace un par de semanas, a Mike [su esposo] y a mí nos conmovió profundamente la entrevista del papa, así como el correo que te envió Annie. Yo estaba en un retiro cuando vi la entrevista, así que aproveché el fin de semana para leerla y reflexionar sobre ella. Por casualidad, Mike hizo lo mismo mientras yo no estaba.

Quería explicarte un poco más, pues no le expuse todo mi razonamiento a Annie y solo se lo expliqué de una manera sencilla, pero ambos decidimos que teníamos que cambiar nuestra relación con ella y con Sally.

Para mí, fue realmente un proceso mucho más largo de lo que le dije a ella. Ese sábado en el retiro, el estudio fue acerca del llamado de Mateo... del mismo que habló el papa Francisco. El sacerdote a cargo del retiro habló sobre la importancia de comer una comida con una persona y lo importante que es compartir, literalmente, nuestras vidas con los que nos rodean, en especial con los «pecadores» y los que sufren. Explicó que esto no era algo solo físico, sino ser realmente parte de la vida de la otra persona, y lo importante que es esto para poder alcanzar a los perdidos.

A la verdad que he estado luchando mucho con esto de amar a alguien completamente, que sea parte de tu vida, y no justificar su estilo de vida. Sobre todo como un ejemplo para mis hijos. Nuestra cultura ve muy normal el estilo de vida gay, o la convivencia antes del matrimonio, y otras muchas conductas. Esto está por todos lados. Quiero asegurarme que esté claro para mis hijos, especialmente a través de nuestro ejemplo, que esto no es una forma normal de vida y que, en última instancia, esta forma de vida no los hará felices. Hasta este momento, había sido muy claro para Mike y para mí que la forma en que debíamos hacer esto era dejándole saber a Annie que la amamos, que nos encantaría que fuera parte de nuestras vidas, pero que no podíamos reconocer su matrimonio ni tampoco aceptar que ella y Sally estuvieran juntas, como pareja, delante de nuestros niños. Creo que ambos pensamos que sería así de sencillo y nos quedamos en paz con eso. Sabíamos que no todo el mundo estaría de acuerdo con nosotros, pero también estábamos seguros de que necesitábamos hacer lo correcto para nuestra familia.

Y entonces pasó todo esto. Mientras leía la entrevista del papa Francisco, vi con absoluta claridad que también tenía que estar presente en mi relación con Anne Marie ... pues esa es la única manera en que ella pueda experimentar el amor de Dios, y creo que eso es lo que ella necesita más que cualquiera otra cosa. El papa dijo que nadie se puede salvar solo, como un individuo aislado, sino que «Dios nos atrae mirando a la compleja red de relaciones que tienen lugar en la comunidad humana; que Dios entra en esta dinámica, en esta participación en la red de las relaciones humanas». Aunque nosotros no «elegimos» tener este sufrimiento en nuestra familia, es nuestra red la que finalmente nos hará a todos alcanzar el cielo. Si trato de escaparme de esa red, no estoy diciendo que sí a la vida que Dios me ha pedido vivir... aun cuando sea toda una maraña de confusión y muy difícil.

Él también menciona que la iglesia necesita sanar heridas y que no puedes intentar arreglar los pequeños problemas, cuando lo que necesitas es sanar a la persona en su totalidad y sus heridas. Una vez que hemos hecho esto, entonces podemos hablar de cualquiera otra cosa. Y para hacerlo, necesitamos cercanía y proximidad. Como todos nosotros, Anne Marie ha sido herida, y creo que ella sigue sufriendo. Y, aunque no conozco a Sally, sé que ella también ha sido herida. Luego habla de los ministros (pero también lo tomé como para mí) «que abrazan el corazón de las personas, que les acompañan en sus noches más oscuras, que saben cómo dialogar y descender con ellos en esa noche, en su oscuridad, sin perderse». Esto me impactó... Necesito tener confianza en mi fe en Cristo como para no temer a sumergirme completamente en la vida de Annie. Creo que ese fue mi miedo para mí y nuestra familia.

Y por último, el papa Francisco habla sobre estar dispuestos a tener tensiones en nuestras vidas. Nunca vamos a conocer con claridad las respuestas en nuestras vidas ... no estaríamos creciendo en la fe si pensamos que las tenemos. Detesto no saber a ciencia cierta qué es lo que tengo que hacer, y qué Dios quiere que haga. Sin embargo, tengo que aceptar que Dios nos llama a cada uno lentamente, y que solo él conoce la dirección por la que nos está llevando. Solo tenemos que responder, incluso si no conocemos la dirección, y aun si no conocemos el resultado final. ¡Y también detesto eso! Da miedo vivir de esta manera, pero tenemos que confiar en que Dios nos está llevando por el camino correcto.

Mike y yo todavía no sabemos exactamente cómo y por qué, pero sí sabemos que necesitamos abrir más nuestras vidas a Annie y a Sally, y estamos de acuerdo en que Sally conozca a nuestros hijos. No sabemos cómo vamos a hacerlo y tal vez no sea perfecto. Simplemente tengo que entregarle a Dios esto y confiar en que él sí sabe.

Annie respondió feliz a nuestro email. Quiere venir a vernos con Sally y pasar el día con nosotros. Está dispuesta a venir a visitarnos y salir a comer con Mike y conmigo si todavía no nos sentimos cómodos con ellas como pareja frente a los niños. No sé lo que vamos a hacer, así que por favor ora que lo hagamos de la manera correcta. La verdad es que no quiero armar todo un lío con esto. Los niños mayores saben que Annie es gay. A los menores les vamos a decir que Sally es amiga de Annie y les iremos explicando según vayan creciendo.

No sé a dónde llegaremos con todo esto, pero quise que supieras dónde estamos con el asunto pues sé que Annie va a compartir nuestro correo contigo.

¡No puedo esperar para verte la semana que viene!

¡Te quiero un montón!

Mary Hope

Como notarás, nuestra familia sigue trabajando poco a poco con este asunto. Mi mamá y mi papá, mis seis hermanos y hermanas, todos estamos enfrentando esta y otras situaciones de maneras diferentes. Estamos tratando de ser pacientes con los demás, aprender los unos de los otros, y respetar el hecho de que el tiempo de Dios para uno de nosotros no es el mismo que para todos.

Esta experiencia de reconsiderar la forma en que Dios me invita a amar me ha llevado continuamente a la necesidad de «actuar con misericordia» y sus tres características sobresalientes: amar (1) sin temor a ser mal entendido por terceras personas, (2) sin contar el costo, y (3) sin una agenda personal que no sea el bien de la persona a la que estoy tratando de amar.

El valor para cambiar lo que sí podemos cambiar rompe nuestra dureza de corazón y permite que la bondad de Cristo brille en nuestras vidas, sobre todo guiándonos con misericordia.

Señor, sé que necesito misericordia porque he pecado.
Te doy gracias por ofrecerme misericordia cada día
de mi vida. Ahora te pido la gracia de ser valiente
en la misericordia que ofrezco a los demás. Pienso
especialmente en las personas que me han ofendido, los
que se han arrepentido y los que no. Mediante tu gracia,
estoy dispuesto a perdonar la causa justa que tengo
contra ellos.

CAPÍTULO 25

Un puente para la reconciliación

Una de las peores torturas conocidas por el hombre, reservadas solo para los peores delincuentes, es el confinamiento solitario. Judy Clark, la reclusa de quien hablamos anteriormente, fue castigada con dos años completos de incomunicación cuando los guardias encontraron unas cartas que había escrito al comienzo de su detención delineando su esperanza de escapar. Ella me describió el confinamiento solitario y me habló de muchas otras presas que habían perdido sus facultades mentales por completo después de periodos mucho más cortos allí. Me habló de haber oído a reclusas que intentaban comerse sus colchones, pues habían perdido todo contacto con la realidad.

Como animales sociales, los seres humanos estamos programados naturalmente para convivir con los demás, por lo que no podemos soportar estar solos por mucho tiempo. Nos volvemos locos, porque es en comunión con otras personas que podemos encontrarnos a nosotros mismos. ¡Dios no estaba bromeando cuando dijo que no era bueno que el hombre estuviera solo!

Tan terrible como el confinamiento solitario, a veces nosotros nos autoimponemos un castigo muy similar. Distanciarse de los demás es bastante parecido al confinamiento solitario, porque las barreras que establecemos entre nosotros y los demás nos separan de ellos y nos dejan solos en nuestro interior. Cuando alguien nos hiere o nos traiciona, tenemos la tentación de retirarnos de esa persona y encerrarnos en nosotros mismos. Decidimos que ya no podemos confiar en los demás o perdonar el mal que nos han hecho. Sé de gente que ha pasado años distanciada de padres o hermanos con quienes alguna vez se pelearon. No hacen nada por derribar el muro que han levantado entre ellos y, a menudo, rechazan los intentos que otros quieren hacer para reconciliarse. ¿No es esto una prisión? ¿No es esto una pared tan impenetrable como una cerca con alambre de púas o barrotes de acero?

La reconciliación está en el corazón de la fe cristiana; sin ella, nuestra religión no significaría nada. Jesús vino a la tierra para ser nuestra salvación; es decir, para reconciliarnos con Dios y los demás. Vino como un libertador, pero no para liberarnos de la opresión externa o de la dominación política, sino para liberarnos de la esclavitud del pecado que nos aleja de Dios nuestro Padre y al uno del otro. La paz que nos ofrece viene como el fruto de esta liberación.

Una de las parábolas más conocidas y conmovedoras contadas por Jesús es la que nos ha llegado bajo el nombre de «el Hijo Pródigo» (Lucas 15.11-32). A través de esta historia, Jesús revela cómo es el corazón de Dios y, especialmente, cómo anhela la reconciliación y la comunión con sus hijos. De acuerdo con el cuadro que Jesús pinta, el Padre respeta profundamente la libertad de sus hijos, incluso cuando hacen mal uso de ella. Él no nos obliga a que lo amemos. Por eso, cuando el hijo menor le pide a su padre que le adelante la parte de la herencia que le correspondería a la muerte de este, el padre no duda en dársela. Incluso lo hace a sabiendas de que su hijo va a derrochar lo que a él le ha costado muchos años de trabajo arduo. Y así mismo ocurre.

Sin embargo, el padre —que tiene todo el derecho a estar furioso y resentido con su hijo— continúa siendo magnánimo. Cuando el hijo regresa a casa, agotado y hambriento, el padre responde en una forma que nadie espera. No lo regaña. No le dice: «Yo sabía que esto iba a ocurrir». Ni siquiera espera a que el hijo se disculpe, sino que sale corriendo de la casa, se lanza en sus brazos y lo besa. Su alegría por tener a su hijo en casa domina todo lo demás. Ni siquiera lo deja dar explicaciones. Ordena a sus siervos que traigan una túnica, un anillo y sandalias para los pies de su hijo, que maten el becerro especial que han venido engordando para poder darle al descarriado una fiesta de bienvenida apropiada.

Lo que parece claro es que Dios no soporta estar separado de sus hijos. Se siente inquieto cuando nos alejamos de él. No es la ira la que lo mueve. Ni siquiera es el dolor de nuestras ofensas intencionales. Es su amor profundo y perdurable por nosotros que se manifiesta sobre todo en la misericordia y en la reconciliación. Reconciliar es reconstruir un puente que se ha roto; es restaurar una unión que se ha cortado. Más que cualquiera otra cosa, el perdón de Dios elimina las barreras que nos mantienen separados de él y los demás.

No creo que sea una mera coincidencia que el hijo mayor de esta misma parábola, el que a la vista de todos se había comportado correctamente y nunca habría actuado como lo hizo su hermano menor «pródigo», haya sido incapaz de mostrar misericordia cuando regresó su hermano.

Por lo tanto, ¿qué tiene que ver la reconciliación con cambiar las cosas que sí podemos cambiar? ¿Acaso no es la reconciliación un regalo gratuito de Dios? Sin duda, sí lo es; sin embargo, aun siéndolo, requiere dos cosas de nosotros. Primero, el valor para pedir y aceptar la misericordia que Dios da gratuitamente. Así como el padre del hijo pródigo esperó pacientemente a que su hijo regresara a casa, Dios no va a enviar un regimiento para obligarnos a volver a casa. Él nos abrazará cuando lo hagamos, pero debemos tener el deseo de regresar. Segundo, el valor para mostrar misericordia a los demás. Así como hemos recibido gratuitamente, estamos llamados a dar en forma gratuita. Afortunadamente, mientras más experimentamos los efectos de la misericordia de Dios en nuestras vidas, más fácil será actuar con misericordia hacia los demás.

La misma experiencia inhumana del régimen de confinamiento solitario que llevó a la locura a algunas de sus compañeras de prisión condujo a Judy Clark a la valiente decisión de cambiar su vida. En las horas más oscuras y tristes de su vida, llegó a aceptar el mal que había hecho y la posibilidad de una redención personal, aun cuando seguía estando tras las rejas. Específicamente, decidió aceptar la verdad sobre los métodos irracionales y malvados del grupo revolucionario al que se había unido. Nosotros también tenemos una decisión que tomar. Cuando hay un alejamiento entre nuestro corazón y el corazón de Dios, o entre nosotros y otra persona, podemos construir un puente de arrepentimiento y reconciliación.

Señor, te doy gracias por no considerar la distancia entre tú y yo demasiado grande ni demasiado pequeña para mantener tu interés en mí. Tú construiste un puente de redención para mí. Ahora, Señor, voy a tratar de construir un puente de misericordia para aquellas personas que me han ofendido. Consciente de la misericordia que me has mostrado, ahora me despojo voluntariamente de todo resentimiento y amargura hacia los demás.

CAPÍTULO 26

Ayudándonos con la cruz unos a otros

Cuando estamos sufriendo, es muy difícil ver más allá de nuestro dolor hacia un mundo que nos rodea. Sin embargo, es precisamente este «ir más allá de nosotros mismos» lo que nos ofrece la oportunidad de comenzar a sanar de las heridas de nuestra alma. Cuando somos conscientes de que todo el mundo a nuestro alrededor tiene algo de dolor que soportar —o en lenguaje cristiano, tiene su propia «cruz que llevar»— aumenta nuestra comunión con las personas, y nuestra propia tristeza se convierte en un vehículo para entender su dolor. Este es el sentido de la hermosa virtud de la compasión, una palabra que viene del término en latín para «sufrir con» otra persona. Sentir compasión es hacer nuestros los sufrimientos de los demás, es entrar en su mundo y participar en él.

Esta virtud se ejemplifica con mi amiga Judy Clark, que ha encontrado en ella una puerta a la libertad tras las rejas. «Todos los días me encuentro con personas cuyas vidas son complicadas, difíciles y sorprendentes», me dijo. «Me reúno con nuevas mamás que acaban de dar a luz, que a la vez que sufren por no tener a una familia con ellas en ese momento tan trascendental, se sienten felices y llenas de amor hacia sus bebés recién nacidos. Escucharlas y cargar en mis brazos a esas nuevas vidas me hace sentir como si experimentara un momento sagrado que me vivifica y renueva. Y me siento asombrada y agradecida de tener esta oportunidad, de la misma manera que me siento agradecida por compartir el dolor y la rabia de algunas, o por tratar de ayudarlas a desentrañar el enigma de cómo y por qué llegaron aquí. En todo esto hay mucha riqueza y es significativo, y está conectado con el proceso de reconstrucción de mi vida».

El sufrimiento nos puede aislar, pero también nos puede acercar a los demás. Vivido bien, nos puede hacer madurar y capacitar mejor para alimentar a otros con nuestra sabiduría, paz y comprensión.

Esta oración atribuida a San Francisco refleja este deseo y la capacidad para nutrir a otros a través de nuestras propias luchas:

> *Oh Divino Maestro,*
> *concédeme que no busque tanto ser consolado,*
> *como consolar;*
> *que me entiendan, como entender;*
> *ser amado, como amar.*
> *Porque es en el dar que recibimos.*
> *Es perdonando que somos perdonados,*
> *y es muriendo que nacemos a la vida eterna.*
> *Amén.*

Francisco oró por abnegación. Oró para poder ver y sentir las necesidades de los demás por encima de las suyas. Oró por el don de la empatía. Todos tendemos hacia el egoísmo. Queremos que nos entiendan. Queremos que nos escuchen. Queremos que nos respeten. Sin embargo, nuestro deseo de todo esto no es más importante que ofrecerlo a los demás. La gran Catalina de Siena, a quien me he referido antes, hizo un pacto con Jesús que me parece asombrosamente hermoso en su sencillez y sentido práctico. O más bien, Jesús hizo un pacto con ella que valientemente aceptó. «Catalina, tú te encargas de mis negocios y yo me encargo de los tuyos». Ese es el mismo pacto que Jesús quiere hacer con cada uno de nosotros: «Confía en que yo cuidaré de ti, olvídate de ti mismo y vive para los demás». La fe cristiana dice que el egoísmo es el fruto del pecado original y una tendencia contra la que debemos luchar resueltamente. Una de las primeras cosas que los niños aprenden es la idea de posesión: ¡*eso es mío! ¡Dámelo!* Si bien esta tendencia es algo natural, el deseo de dar regalos generalmente no lo es. Tenemos que entrenarnos para pensar en los demás y llegar a ser conscientes de sus necesidades, sus sentimientos y su bienestar.

Una de las muchas paradojas de la vida es que cuanto más nos concentramos en nosotros y nuestro propio bienestar en detrimento del de nuestros prójimos, más inquietos y desdichados nos sentimos. Cuando Jesús dijo que hay más alegría en dar que en recibir, no estaba dándonos una orden para que nos involucráramos en un comportamiento sobrehumano. Lo que estaba exponiendo era una verdad simple sobre la naturaleza humana. La alegría de dar no es un premio o recompensa que se le entrega a la persona que se comporta correctamente, sino que viene del propio dar. Cuando amamos a los demás, cuando damos desinteresadamente, estamos experimentando gozo.

El egoísmo no solo es malo, sino que es sicológicamente malsano. De hecho, en un sentido es malo precisamente porque es malsano. El egoísmo reduce nuestro potencial y es indigno de nuestra condición de seres humanos. ¿No es fascinante que esta verdad sicológica sea evidente en algún grado para todos, creyentes y no creyentes por igual? Nuestros héroes, aquellos que admiramos y mantenemos como modelos, son inevitablemente personas que viven vidas altruistas. Las personas que buscan primeramente su propio interés y bienestar en esta vida, a pesar de todo el éxito que pudieran alcanzar, serán raramente recordadas como modelos, y jamás como héroes.

El «valor para cambiar lo que sí podemos cambiar» implica la generosidad de mirar más allá de nosotros mismos y ver las necesidades de los demás. Tal vez no podamos arreglarlo todo, pero sí podremos arreglar algo. Todos los días nos presentan oportunidades para salir y ayudar a alguien en necesidad. Para servir. El mundo no se cambia de un solo golpe, por una especie de edicto imperial. El mundo se cambia una persona a la vez, mediante un acto de bondad.

Es posible que hayas visto la encantadora película del 2007 *Evan Almighty*, protagonizada por Steve Carell como Evan, un Noé moderno, y Morgan Freeman como Dios. Dios le ha pedido a Evan —para diversión y consternación de sus vecinos, amigos y familiares— que construya un arca. Evan obedece y pronto su patio se convierte en una especie de zoológico, con gran cantidad de animales salvajes grandes y pequeños. Pero la película termina con Dios diciéndole a Evan que ha entendido mal. Le dice que la forma de cambiar el mundo es haciendo un acto de bondad al azar. [Nota del traductor: el malentendido surge porque el acrónimo de *Act of Random Kindness* forman la palabra ARK; que se traduce por arca en español.] Este es un mensaje simpático de Hollywood, pero también es fundamentalmente cierto. El mundo se puede cambiar a través de actos de bondad al azar, y estas son las arcas que cada uno de nosotros puede construir diariamente. Gastamos una enorme cantidad de tiempo y energía —y no hay nada malo en ello— tratando de mejorar la política. Sin embargo, ni el alcalde, ni un senador, ni la Corte Suprema de Justicia y ni siquiera un presidente de la nación pueden hacer lo que nosotros podemos hacer hoy por nuestro prójimo.

Señor, estoy muy consciente de mis necesidades y expectativas personales, pero lamentablemente, no puedo decir lo mismo sobre las necesidades y expectativas de los demás. Ayúdame a poner a los demás primero. Ayúdame a liberarme de mi egoísmo para servir y amar, como tú lo hiciste. Enséñame a sentir auténtica compasión hacia el prójimo. Y que pueda experimentar el gozo de dar en lugar de recibir.

CAPÍTULO 27

El valor para levantarte después de una caída

※

Si alguna vez has tenido la experiencia de empezar algo, es probable también que hayas tenido la experiencia de fracasar. Incluso aquellas personas especialmente dotadas que siempre parecen caer paradas, por lo general tienen una sorprendente historia de intentos fallidos. No obstante, lograron esta historia porque no tuvieron miedo de hacer esos intentos.

¡Es tan fácil pensar que somos los desdichados que no tenemos suerte! Probablemente recuerdes la simpática tira cómica *Peanuts* donde, después de que han perdido un partido de béisbol, Linus intenta consolar a Charlie Brown con el viejo refrán: «A veces se gana, a veces se pierde». Charlie Brown piensa por un momento y luego responde: «Caramba, eso sería estupendo».

Sin embargo, la realidad es que se necesita mucho valor para subir al cuadrilátero, y aun más para levantarnos cuando nos han derribado. El valor para cambiar las cosas que sí podemos cambiar no es un programa diseñado para pusilánimes. Nada que valga la pena es fácil, y rara vez logramos lo que queremos en el primer intento. Cambiar las cosas que podemos cambiar requiere que tengamos que aprender a superar no solo los obstáculos en el camino, sino también lo que nos enseñan nuestros fracasos.

En 1993, en un ejemplar de la revista *US News & World Report*, John Leo se lamentaba por una creciente campaña para eliminar los deportes competitivos de las escuelas con el fin de proteger a los estudiantes de los «traumas». Algunos educadores bien intencionados pero, en mi opinión, equivocados, pensaron que era mejor poner a todos los niños en el mismo equipo en lugar de hacerlos participar en juegos competitivos, que terminan con algunos ganadores y algunos perdedores. Según estos educadores, una actividad no competitiva saludable podría ser que toda la clase se pusiera a rodar una pelota de goma gigante alrededor del gimnasio. Como Leo argumentó persuasivamente, el éxito de esta campaña habría sido una desgracia para el país.

Los deportes enseñan las virtudes del esfuerzo y la superación, la determinación y la tenacidad, el trabajo en equipo y el valor. A saber perder y saber ganar, a levantarse cuando se ha caído, a tomar las herramientas y comenzar de nuevo... estas virtudes han sido las principales responsables de los mayores logros personales y corporativos de la humanidad. Se dice que el Duque de Wellington afirmó que «la batalla de Waterloo se ganó en los campos deportivos de Eton». Aprender a tener determinación también significa aprender a perder. Es fácil ser un buen ganador, pero no es nada fácil ser un buen perdedor.

Hace años, un predicador protestante amigo mío dijo algo que realmente me hizo pensar. Señaló que, después del pecado, el peor enemigo del cristiano es el desaliento. Que el desaliento es una de las herramientas favoritas del diablo; «la cual engendra la inacción, la abdicación de la responsabilidad, y en última instancia, la desesperación». Esta opinión, que me pareció tan exagerada al principio, encaja perfectamente con mi propia experiencia. El desaliento nos desmotiva y nos hunde en lamentaciones estériles.

Nada aminora nuestro paso tanto como el desaliento. Mina nuestras fuerzas y entusiasmo, y nos arrastra muy adentro de nosotros mismos, obstruyendo así el paso de la luz y el valor que da el Espíritu Santo. Y especialmente después de una caída, el diablo trata de persuadirnos a que nos revolquemos en la autocompasión, como un entrenador de boxeo diciéndole a su pupilo que es mejor quedarse tirado en el cuadrilátero después de haber sido derribado por un golpe que levantarse y seguir peleando. El diablo pinta todo negro y nos hace centrarnos, no en la misericordia y la gracia de Dios, sino en nuestra propia miseria. Insiste en querer que tiremos la toalla y que abandonemos la lucha. «¿Para qué seguir?», nos pregunta. «¿A quién estás tratando de impresionar? Tú no puedes». Y, sin embargo, nosotros sabemos que Dios no piensa de esa manera. Él quiere que sigamos intentándolo.

La forma de contrarrestar el desaliento no es evitar los desafíos o limitar nuestra exposición a ellos, sino que la solución está en la madurez emocional y espiritual fundada en la certeza de que Dios no nos pide éxitos sino fidelidad. Tampoco nos pide optimismo; lo que nos pide es un realismo que tenga en cuenta su gracia. Esta visión, que incluye lo que sabemos por fe —que Dios ya ganó la guerra— permite que tanto el pesimista natural como el optimista natural vivan en la verdad.

No es divertido caer una y otra vez. De hecho, es especialmente fastidioso volver a cometer los mismos errores que pensábamos que ya habíamos dejado atrás. Puede ser frustrante examinar nuestras conciencias cuando no vemos ningún progreso. Pensamos que si no les hacemos caso, es posible que nuestros defectos desaparezcan. En esto de la tentación a desalentarnos no estamos solos. Según registran los Evangelios, Jesús tuvo que decirles una y otra vez a sus discípulos que cobraran ánimo, que fueran valientes, que no dieran lugar al miedo. De la misma manera, el Señor nos invita a confiar, no a pesar de nuestra debilidad, sino a causa de ella. Nuestras limitaciones no provocan que él se aleje de nosotros, sino que lo mueven a tenernos compasión. El Señor acude en ayuda de todos los que ponen su confianza en él.

Si examinamos el desaliento de cerca, vamos a encontrar algunos datos que nos sorprenderán. El primero es que el desaliento no se debe a un exceso de humildad, sino a un exceso de orgullo. A menudo tenemos tan buena opinión de nosotros mismos que cuando no alcanzamos los estándares que nos hemos fijado nos venimos abajo. Exageramos nuestra propia importancia, como si nuestras debilidades y pecados fueran mayores que la misericordia y la bondad de Dios.

A veces, también, el desaliento surge porque no nos conocemos muy bien. Tenemos una idea exagerada de nosotros mismos y de nuestras virtudes, por eso cuando caemos nos sentimos sorprendidos, confundidos y avergonzados, y queremos renunciar. Sin embargo, aquí el dolor no viene tanto por haberle fallado a Dios y haberlo ofendido, sino porque nuestro amor propio se siente herido. Estamos avergonzados y humillados de vernos tan débiles.

Veo esto en mi propia vida. Debido al nuevo mundo de las redes sociales, cada vez que aparezco en la televisión, doy una homilía o escribo un artículo o un libro, recibo toneladas de reacciones. Algunas positivas, algunas negativas, y otras no son ni lo uno ni lo otro. No me molesta ver en la Internet o en mi buzón comentarios virulentos escritos por personas anónimas, o por quienes simplemente están enojados con Dios o la iglesia. De hecho, estos mensajes me enseñan acerca de lo que somos capaces de hacer cuando creemos que estamos protegidos por el anonimato. Sin embargo, cuando leo las críticas de gente a quienes conozco personalmente o respeto y que me dicen que metí la pata, ¡vaya, eso sí que duele! ¡Me duele mi orgullo y mi vanidad! Porque quiero que me amen y que me respeten; quiero ser sabio y perspicaz; quiero estar en lo cierto. Y cuando me golpean críticas particularmente dolorosas y públicas como estas, ya sean justas o injustas, una de mis reacciones es tirar la toalla en este tipo de actividades públicas y me digo: ¿realmente vale la pena? Solo con tiempo y con oración logro aceptar que mi desaliento proviene de un ego herido y que mi ego no es la voz de Dios.

Dejar a un lado el desaliento y confiar en Dios requiere que cambiemos el enfoque de nuestra pequeñez a su grandeza. Por lo general, el desaliento se manifiesta cuando dejamos de mirar a Dios (para quien todas las cosas son posibles) y nos fijamos en nosotros mismos (que no podemos hacer nada sin él). Incluso puede parecer que el desaliento es la respuesta «correcta» o «humilde» al fracaso, como si una confianza alegre en Dios de alguna manera entrara en conflicto con la realidad de nuestra propia fragilidad.

En situaciones como estas es especialmente útil tratar al desaliento como una tentación. Sentir lástima por nosotros mismos y permitir que el desaliento nos atrape no le hace bien a nadie. No nos ayuda, no agrada a Dios y no beneficia a otras personas. De hecho, el único que sale ganando cuando estamos desanimados es el diablo, que se deleita en vernos dudar del amor y la misericordia de Dios.

Pensemos en el bueno de Pedro, caminando sobre el agua, viviendo en medio de un milagro. El Evangelio dice que «al sentir el viento fuerte, tuvo miedo y comenzó a hundirse» (Mateo 14.30, NVI). En otras palabras, tan pronto como quitó los ojos de Cristo y comenzó a mirar a su alrededor fijándose en las dificultades y pensando en su incapacidad humana para hacer lo que estaba haciendo, comenzó a hundirse. Nuestro valor y confianza provienen de la fuerza y la fidelidad de Dios, no de nosotros. Es su poder el que nos levanta y nos capacita para hacer muchas cosas que nunca podríamos hacer con nuestras propias fuerzas.

Hay dos virtudes que son esenciales para superar el desaliento: el valor y la esperanza. El valor nos fortalece para seguir adelante a pesar de las dificultades. Avanzamos sin permitir que nuestros reveses nos mantengan desanimados. La esperanza, por otra parte, nos enseña a confiar en Dios, quien nos dará la gracia que necesitamos para mejorar y quien nos promete la victoria final. Él nunca nos abandona en nuestra hora de necesidad. Se mantiene a nuestro lado, perdona nuestras faltas y nos consuela en nuestras dificultades. Unidos con él, podemos hacer todas las cosas, aun cuando el avance nos pueda parecer dolorosamente lento. Algún día, más temprano que tarde, veremos nuestra confianza recompensada.

Esto aplica no solo a nuestros reveses en el mundo, sino también a nuestras derrotas morales y espirituales. Dios nunca incita al pecado, pero cuando pecamos nos ofrece sin tardanza su misericordia; nunca ha querido que nos quedemos separados de él. El gran santo de Auschwitz, Maximiliano Kolbe, escribió: «Siempre que te sientas culpable, aunque sea porque has cometido conscientemente un pecado, un pecado grave, algo que te has mantenido haciendo muchas, muchas veces, nunca permitas que el diablo te engañe, dejándolo que te desaliente».[1] El diablo nos dirá que somos perdedores, que Dios se ha cansado de nuestras maldades, que no hay esperanza para gente como nosotros. Pero él es el padre de la mentira.

Necesitamos el valor para volver a levantarnos y, con humildad y confianza, comenzar todo de nuevo. Dios puede obrar maravillas de nuestros fracasos y caídas, comenzando con un mayor reconocimiento de nuestras debilidades y la necesidad de su gracia. Aun cuando hayas caído muy bajo, hecho cosas terribles, o caminado lejos de Dios durante mucho tiempo, la esperanza no solo permanece como una opción; es un imperativo. Dios siempre nos está llamando a que volvamos a él; siempre desea nuestra amistad, y siempre nos extiende su misericordia a cualquiera que lo necesite. ¡Él nos quiere de vuelta!

Querido Señor, he hecho muchas cosas malas en mi vida. Rara vez he vivido a la altura de mis resoluciones, y no soy la persona generosa y amorosa que tú quieres que sea. Sin embargo, creo en tu amor. Creo en tu poder para transformarme. Creo que quieres que me levante y siga peleando. ¡Prospera la obra de mis manos!

CAPÍTULO 28

Comenzar con pasos de bebé

En la divertidísima película de 1991, *What About Bob?*, Richard Dreyfuss es un siquiatra exitoso, el Dr. Leo Marvin, y tiene que lidiar con el trastorno obsesivo-compulsivo de Bob Wiley, interpretado por Bill Murray. La primera vez que se reúne con Bob, el Dr. Marvin no siente que lo esté tratando, así que disimuladamente intenta quitárselo de encima dándole un ejemplar de su nuevo libro *Pasos de bebé*. Su conversación con Bob es la siguiente:

Bob: *Pasos de bebé.*

Marvin: *Eso significa fijarte metas pequeñas y razonables. Un día a la vez, un pasito a la vez, metas alcanzables y factibles.*

Bob: *Pasos de bebé.*

Marvin: *Cuando salgas de esta oficina, no pienses en todo lo que tienes que hacer para salir del edificio, solo preocúpate por salir de la oficina. Cuando llegues al corredor, solo ocúpate del corredor. Y así sucesivamente. Pasos de bebé.*

A pesar de lo alocada que resulta esta película, el consejo de Marvin no es del todo malo. Resume milenios de sólida sabiduría humana. Volviendo a nuestro amigo Esopo, podemos recordar su adagio: «Lentamente y con constancia se gana la carrera», ilustrado por la tortuga que derrota a la liebre, mucho más veloz. «Roma no se construyó en un día», dice un proverbio francés de finales del año 1100 sobre la necesidad de ser pacientes y perseverantes. Y la sabiduría medieval nos anima a *age quod agis* o «hacer lo que estás haciendo», una versión más antigua de vivir en el momento y dar un paso a la vez. A menudo fallamos en nuestras resoluciones porque no sabemos marcar el ritmo de nuestros pasos. No medimos nuestros recursos ni evaluamos en forma realista nuestras capacidades. Nos echamos a la boca más de lo que podemos masticar, y entonces nos sentimos frustrados y nos ponemos furiosos.

Jesús también tenía una parábola sobre este asunto. Un rey imprudente sale a la batalla con diez mil soldados contra veinte mil del ejército enemigo (Lucas 14.31-33). Ante tal necedad, Jesús dice que lo que debió haber hecho este rey fue enviar a un emisario para pedir la paz antes que las cosas se pusieran más feas. Y como para darle más profundidad a su enseñanza, Jesús pone el ejemplo de un hombre que empieza a construir una torre sin tener los recursos para terminarla; y cuando la torre queda a medio construir, el hombre se convierte en el hazmerreír de la comunidad. Como viví en Roma durante algunos años, donde puedes ver puentes a medio construir que no llevan a ninguna parte, entiendo totalmente el punto de Jesús. Él quiere que seamos realistas y que manejemos nuestros proyectos con inteligencia. Pasos de bebé. Es mejor asumir un proyecto más pequeño y terminarlo, que uno más ambicioso que vamos a dejar a medio hacer.

Entonces, ¿qué tiene todo esto que ver contigo y conmigo? Si queremos cambiar, necesitamos seleccionar áreas pequeñas y concretas para trabajar. No vamos a cambiar de la noche a la mañana. Piensa en todas las veces que has hecho resoluciones de Año Nuevo que no te llevaron a ninguna parte. Piensa en las mejores resoluciones que has hecho y luego piensa en las peores. Fíjate en las que has terminado y en las que has abandonado. Me parece que muchos de nuestros fracasos provienen de programas excesivamente ambiciosos que se hicieron en un momento de entusiasmo y se abandonaron con la misma rapidez en un momento de apatía. *¿En qué estaba pensando?*, nos preguntamos. El valor para cambiar las cosas que sí podemos cambiar es un valor que se mueve hacia adelante de forma inteligente, con persistencia. La vida es un maratón, no una carrera de cien metros. Estamos en ella para un largo rato, y solo los programas que reconocen esto alcanzan el éxito al final.

Señor, yo sé que quieres que siga adelante, aun cuando eso signifique que avance a paso de caracol. Ayúdame a dar pasos pequeños pero significativos para acercarme más a ti. Ayúdame a sentirme satisfecho con el progreso que me pides, no con el progreso que a mí me gustaría alcanzar.

CAPÍTULO 29

¡Si David pudo hacerlo, yo también puedo!

Ya antes hablé del rey David y de su problema con la armadura de Saúl, que resultó ser más un impedimento que una ayuda. Si estudiamos un poco más a este gran personaje bíblico, podemos aprender bastante y, de paso, ser alentados.

En realidad, David no tiene mucho a su favor. Como recordarás, era un pobre pastorcillo y el más joven de su familia. Tanto es así que cuando el profeta Samuel llega a casa de su padre Isaí y le pide que reúna a sus hijos, Isaí ni siquiera se molesta en llamar al joven David, que estaba en el campo cuidando el rebaño de la familia. Era tan insignificante, que Isaí asume que para cualquier cosa que David pudiera ser bueno, uno de sus hijos mayores podía ser mejor.

Sin embargo, Dios, de todas maneras, escoge a David. Y lo escoge para algo grande: para que se convierta en el rey de Israel. Con Dios a su lado, la carrera de David *comienza* espléndidamente. Lo siguiente que sabemos de él es que gana batallas, atrae la atención de mujeres bonitas y alcanza gran popularidad. Sin embargo, en algún punto del camino, todo esto comienza a írsele a la cabeza. Pronto se pone demasiado confiado y perezoso, y empieza a quedarse en casa cuando sus soldados están en campaña. Y esta ociosidad lo mete en serios problemas. Comienza a espiar a su encantadora vecina Betsabé mientras ella se baña. Betsabé es la esposa de uno de sus propios soldados, Urías. Pero David se ha acostumbrado a tener lo que quiere, y la quiere a ella. Así es que se la lleva.

Las cosas siguen empeorando. Betsabé queda embarazada, y en vez de confesarse y admitir su error, David lo complica todo con un error aun más grande. Hace que su buen soldado Urías, el esposo de Betsabé, muera en batalla después de ordenar que lo dejen indefenso a merced de sus enemigos. Podríamos seguir enumerando las debilidades y desatinos de David. Aunque es una figura trágica en muchos aspectos como cualquiera de nosotros, es también una figura gloriosa. A pesar de sus pecados y faltas, es lo suficientemente humilde y confía en Dios lo necesario como para arrepentirse. Y Dios, siendo Dios, le perdona. Una y otra vez, David cambia lo que puede cambiar y deja que Dios cambie el resto.

A David se le atribuye la autoría de uno de los más hermosos salmos de la Biblia. Es un salmo de profundo dolor y arrepentimiento, conocido por haberlo compuesto después del fiasco con Betsabé y Urías. No lo voy a reproducir todo aquí (se puede encontrar el texto completo de la Biblia), pero comienza así: «Ten piedad de mí, oh Dios, conforme a tu misericordia; conforme a la multitud de tus piedades borra mis rebeliones. Lávame más y más de mi maldad, y límpiame de mi pecado» (Salmos 51.1-2, RVR1960).

La historia —y especialmente la historia de la salvación— nos ofrece ejemplo tras ejemplo de seres humanos débiles que terminan haciendo cosas grandes e importantes. Es bueno saber que no estamos solos en nuestra debilidad. Una parte de tener el valor de cambiar las cosas que sí podemos cambiar es dejar de excusarnos. Es mucho mejor llegar a la meta magullados y sangrando, que dejar la carrera a medio terminar.

Querido Señor, cuando pienso en todo lo que me has pedido que haga, no me siento muy valiente. Soy muy consciente de mis debilidades. Gracias por darme tan buenos ejemplos de gente que eran igual que yo, pero que se sobrepusieron a sus debilidades por tu gracia. ¡Hazme como uno de ellos!

TERECERA PARTE

Sabiduría para reconocer la diferencia

Cuando comenté con mis amigos que quería escribir un libro sobre la Oración de la Serenidad y les recordé las tres partes de ella, casi sin excepción me dijeron que, para ellos, la tercera parte era la más difícil. A veces somos capaces de aceptar pacientemente situaciones difíciles y las superamos, dijeron, y a veces actuamos con valor y cambiamos las cosas que sabemos que necesitan cambiar. Así que en un sentido, razonaron, sabemos lo que es la aceptación y el valor, aunque no siempre actuemos con valor ni nos sintamos en control de la situación. Sin embargo, ¿sabemos cómo ser sabios? Pocas personas podrían decir que sí.

Entonces, ¿cómo aprendemos a ser sabios? La buena noticia es que para aquellos que ya hemos empezado a poner en práctica las dos primeras partes de la Oración de la Serenidad, la tercera, que es la sabiduría para reconocer la diferencia entre lo que podemos cambiar y lo que no podemos, por lo general viene sola, sin importar nuestro grado de sabiduría antes de comenzar la jornada. Sí, necesitamos aprender, discernir, desarrollar claridad y disciplina mentales, y disfrutar de la ausencia de prejuicios personales; sin embargo, mientras aprendemos a aceptar aquellas cosas que ya tenemos el presentimiento de que no podemos o no debemos cambiar y comenzamos a cambiar las cosas que estamos bastante seguros que sí podemos modificar, la zona gris se encoge. En otras palabras, cuando creamos el hábito de buscar a Dios y obedecer a nuestra conciencia, rápidamente nos damos cuenta que ya tenemos más sabiduría de lo que podríamos imaginar.

Hace muchos años me encontré en la desagradable situación de tratar con un compañero de trabajo muy difícil. En lo más complicado de las tensiones estuve a punto de pedirles a mis superiores que me cambiaran de asignación. Eso solo habría agravado las cosas porque, de hecho, me sentía muy feliz donde estaba... excepto por la presencia de esta persona. El solo pensar que tendría que trabajar con él al día siguiente me estaba haciendo perder el sueño. Estaba convencido de que este compañero nunca cambiaría ni se iría y que jamás podría trabajar en paz estando él cerca. Mi director espiritual (y mentor) conocía la situación y solo escuchaba mis quejas. Su falta de comentarios me sugería que para él esto no era un gran problema. Cuando una noche hablé con él por más de una hora sin quejarme de mi compañero, me preguntó cómo iba esa situación.

—Básicamente es lo mismo —le dije—, pero no hay nada que yo pueda hacer.

—¿Estás seguro de que no puedes hacer nada? —preguntó.

—Él parece estar cada vez peor —respondí y luego comencé a darle ejemplos.

—¿Alguna vez has pensado en pasar más tiempo con él fuera del trabajo? —me preguntó.

Tan pronto como escuché esas palabras supe cuál era el camino que debía tomar. Creo que mi director espiritual vio el miedo en mi cara cuando instantáneamente supe que le había dado en la cabeza al clavo.

—Eso es exactamente lo que debo hacer —le dije—, y lo he sabido todo el tiempo.

Realmente lo había sabido todo el tiempo. Sabía que tenía que pasar más tiempo fuera del trabajo con este compañero, pero no había querido reconocerlo. Sabía que él actuaba como lo hacía porque se sentía inseguro y buscaba amistad y compañerismo. No obstante, no había tenido el valor para ofrecerle esa amistad y ese compañerismo; en realidad, no me causaba ninguna gracia la idea de intentar algo tan simple, a pesar de que sabía que esa era la solución. Yo era demasiado testarudo para hacer caso a mi propia sabiduría. No fue sino hasta que escuché de una fuente confiable lo que yo ya sabía que era verdad, que fui capaz de convencerme a mí mismo para hacer lo que tenía que hacer.

La sabiduría para reconocer la diferencia entre lo que podemos cambiar y lo que no podemos tiene que ver con discernir la voluntad de Dios sobre cómo debemos reaccionar ante un desafío. El discernimiento, en este sentido, es el proceso de descubrir el plan de Dios para nosotros, tanto en las cosas grandes (como con quién me voy a casar) como en nuestras decisiones diarias (como si debo salir temprano del trabajo para ir al juego de fútbol de nuestro hijo o quedarme y hacer que el jefe se sienta feliz). La sabiduría que pedimos en la Oración de la Serenidad es el arte espiritual del discernimiento.

Esforzarnos para cambiar lo que no podemos cambiar es un ejercicio de futilidad terrible y solo conduce a la fatiga, la frustración y la desesperación. Tal esfuerzo es tanto una pérdida de tiempo como de energía, causa una gran exasperación, y con discernimiento somos capaces de decir: «¡Esto no es sabio!». Luchar para mover lo que no se puede mover, para deshacer lo que no se puede deshacer, socava nuestras fuerzas y nos desalienta aun en nuestras búsquedas más fructíferas. Después de tal decepción, no queremos hacer otra cosa que tirar la toalla y acurrucarnos en el sofá. Sin embargo, cuando tenemos este discernimiento espiritual —esta sabiduría aplicada— invertimos nuestra energía sabiamente, dejando a un lado lo que no tiene remedio y enfocándonos en áreas donde sí podemos hacer un verdadero progreso.

La sabiduría también nos salva del error opuesto: de aceptar pasivamente las cosas tal como están cuando se pueden y se deben cambiar. La sabiduría nos ayuda a ver a través de la tentación de pensar que todo nuestro esfuerzo sería en vano, cuando de hecho el esfuerzo es exactamente lo que se necesita. La sabiduría desenmascara nuestros propios prejuicios y nuestras inclinaciones a lo negativo.

Quizás es la pereza la que nos impide participar en la misión que está ante nosotros. Quizás es el miedo al fracaso el que se une a nuestra apatía y bloquea nuestra determinación. La sabiduría ve lo que es; «sabe» reconocer la diferencia.

Así que también oramos por esto. Oramos para que nuestro buen Dios y Padre nos dé el don de la sabiduría; uno de los preciosos regalos de su Espíritu Santo. Estamos comprometidos a esforzarnos para conseguirlo, pero sabemos que no iremos a ninguna parte sin él, por eso oramos humilde y confiadamente.

CAPÍTULO 30

Busca la sabiduría, no el conocimiento

¿Sigues orando la Oración de la Serenidad todos los días? ¡No dejes de hacerlo! Estás trabajando para formar un alma en paz, preparada instintivamente para no involucrarte en aquello que no puedes cambiar, y para afrontar con valor y confianza las cosas que sí puedes modificar. Este hábito de orar es particularmente importante mientras vas avanzando en esta tercera sección, porque crecer en sabiduría es menos tangible que entregar el control, o hacer con valentía lo que sabes que debes hacer.

La sabiduría es un don sutil, casi imperceptible, que Dios nos da cuando se la pedimos. «¡Señor, concédeme la sabiduría para saber cuándo y cómo debo actuar, y cuándo no!». Esta es una oración para la vida diaria.

Probablemente todos alguna vez hemos pensado qué haríamos si nos ganáramos la lotería. Cuando yo era niño, recuerdo haberles preguntado a mis amiguitos qué le pedirían a un genio si les ofreciera cumplir tres deseos. Después de dejarlos pensar un rato, les decía que yo le pediría que me cumpliera mil deseos. Tan infantil como suena, el dilema de decidir qué hacer con los tres deseos es, en realidad, fascinante. Es aun más revelador de lo que haríamos con el premio gordo de la lotería. Nos hace identificarnos con nuestros más grandes deseos insatisfechos. ¿Dinero? ¿Salud? ¿Un mejor trabajo? ¿Un matrimonio más feliz?

En el Antiguo Testamento leemos de una situación muy similar a esta. No se trata de un genio que sale de una lámpara, sino de Dios mismo ofreciéndole al rey Salomón la oportunidad de su vida. Salomón acaba de ser hecho rey de Israel para suceder a su padre David. Es joven y se siente abrumado, pero Dios se le aparece en un sueño y le da la oportunidad de pedirle lo que quiera. Salomón no pierde el tiempo en responder. Y Dios queda encantado con la petición que le hace. No pide riquezas, ni una larga vida, ni victoria sobre sus enemigos. Pide, en cambio, sabiduría. Salomón le dice: «Da, pues, a tu siervo corazón entendido para juzgar a tu pueblo, y para discernir entre lo bueno y lo malo» (1 Reyes 3.9, RVR1960). Dios se complace en otorgarle lo que le pide, y Salomón llega a ser conocido en todas partes por su sabiduría. «Fue más sabio que ningún hombre: más sabio que Etán, el descendiente de Zérah, y que Hemán, Calcol y Dardá, hijos de Mahol. Su fama se extendió por todas las naciones de alrededor» (1 Reyes 4.31). Aunque no sabemos quiénes eran Etán o Dardá es obvio que eran reverenciados por las personas de su tiempo como hombres especialmente sabios. Sin embargo, Salomón fue más sabio que todos ellos.

Hoy día, el deseo de Salomón nos parecería algo extraño. De todas las cosas que podríamos pedir, dudo que la sabiduría esté entre las diez primeras, tal vez porque en la actualidad no escuchamos mucho sobre el valor de la sabiduría. Nos preocupamos mucho por el conocimiento y la información. Nos encanta poder acceder con nuestros teléfonos inteligentes prácticamente a cualquier fuente de información a cualquiera hora del día o de la noche. Tenemos —literalmente en la punta de los dedos— más información de la que las generaciones anteriores ni siquiera soñaron poseer. Este exceso de información nos hace astutos y tal vez hasta un poco presumidos. Sabemos mucho más que nuestros antepasados, que pensaban que el mundo era plano, no sabían nada de genes o cromosomas, ni podían dividir el átomo o curar la neumonía. Sin embargo, con todo lo bueno que este conocimiento puede ser, me pregunto con qué frecuencia se traduce en sabiduría.

Sabiduría y conocimiento no son la misma cosa. La sabiduría no tiene nada que ver con saber muchas cosas, sino con saber discernir lo que es importante. Alguien puede estar bien informado, pero ser un tonto. Como el tamiz de un minero buscador de oro, la sabiduría tamiza a través de la «arena» de la información para encontrar un tesoro. En este último tramo de la Oración de la Serenidad, le pedimos a Dios que nos conceda la «sabiduría para reconocer la diferencia». Pedimos ser capaces de discernir, de resolver las cosas. No pedimos conocer mucho más, sino saber qué importa realmente.

¿Has notado que las personas sabias son gente humilde? Ellos saben lo mucho que no saben. También saben lo poco que realmente necesitan. Nosotros tenemos muchos deseos, pero relativamente pocas necesidades verdaderas. De hecho, mientras más deseos insatisfechos de cosas innecesarias tenemos, más infelices somos. Y al revés: mientras más contentos estamos con lo que tenemos, más paz hay en nuestras almas. Esto también es sabiduría.

Tomás de Aquino, en su famosa *Summa Theologiae*, dedica mucho espacio a hablar de las virtudes. Hace algunos años, leyendo esta obra, me encontré con algo fascinante. En dos artículos consecutivos, Aquino analiza dos hábitos: *studiositas* (estudiosidad) y *curiositas* (curiosidad). Lo que me pareció extraño fue su declaración de que *studiositas* es una virtud y *curiositas* es un vicio. Al principio, aquello me pareció contradictorio, ya que ambos hábitos comparten muchas similitudes. Y los dos tienen que ver con el deseo de saber y una voluntad de aprender. ¿Acaso no es la curiosidad la que nos impulsa a estudiar? Sin embargo, Aquino dice que, si bien *studiositas* nos mueve a ahondar en cuestiones importantes y a buscar la sabiduría, *curiositas* alienta una especie de superficialidad o diletantismo intelectual y una preferencia por saber muchas cosas en lugar de las importantes. Una persona curiosa echa un vistazo a los titulares; una persona estudiosa quiere saber más. Hoy día, no solo se necesitan hombres y mujeres bien informados, sino hombres y mujeres sabios. La sabiduría es la capacidad de discernir entre lo que es importante y lo que no lo es.

Pregúntate: en una semana normal, ¿pasas más tiempo leyendo la revista *People* o tu Biblia? ¿Sabes más sobre *American Idol* que de la historia del mundo? Podemos ser muy versados en todo tipo de trivialidades inútiles; sin embargo, saber casi nada sobre las cosas que cuentan. La sabiduría, de hecho, parece tratar más con hacer las preguntas correctas que con conseguir todas las respuestas correctas. Desear saber los asuntos más importantes de la vida, pasar tiempo investigando lo que las cosas significan realmente y por qué son importantes, vale más que acumular un inmenso almacén de datos inútiles.

Nuestra petición de oración por «sabiduría para reconocer la diferencia» sugiere que ya entendemos lo importante que es la sabiduría, y que parece un buen lugar para comenzar. En cierto sentido, pedir sabiduría ya implica cierta sabiduría. Y ese es un pensamiento alentador.

CAPÍTULO 31

Cultivemos nuestra vida interior

La presa Judy Clark fue criada en la tradición del judaísmo secular, pero en años recientes se ha sumergido en estudios religiosos y una educación clínico-pastoral, y acaba de completar su certificación como capellana. Este adiestramiento le da fundamento en su papel de mentora y confidente de mujeres como ella que están cumpliendo largas condenas y tratando de arreglar cuentas con su pasado y vivir vidas compasivas, gratificantes y productivas.

Judy descubrió algo de la manera más difícil: los seres humanos necesitan silencio para reflexionar; silencio tanto interior como exterior. El activismo puede ser un escape de la realidad de nuestras vidas. Nos protege de tener que enfrentarnos a nuestros propios demonios y luchar a brazo partido con nosotros mismos y nuestras opciones. Cuando Judy fue encarcelada y, más aún, cuando terminó en confinamiento solitario, se vio obligada a enfrentarse a sí misma. No había música para ahogar sus pensamientos, ni televisión o Internet para distraerla. Estaba totalmente sola, sin nada que la entretuviera o la hiciera pensar en otra cosa. Y ella aprovechó esta situación para profundizar en sí misma y convertirse en una persona más espiritual.

Judy no lo hubiera expresado de esta manera en ese tiempo. Hoy día comenta: «No dije: "Estoy en una jornada espiritual". Tuve que tomar la decisión de empezar a convertirme en una persona y asumir la responsabilidad por mis decisiones. Ahora puedo reconocer los aspectos espirituales de mis preguntas y mis métodos. Cuando salí de la unidad de aislamiento, decidí que quería asistir a los servicios judíos. No era porque quisiera ser religiosa, sino porque cuando empecé a preguntarme: "¿Quién soy yo?", una de las cosas que sentí interiormente fue mi identidad judía».

Obligada a mirar hacia dentro de sí misma y aceptar su identidad, Judy se convirtió en una persona más espiritual, más reflexiva, más centrada. Ese silencio interior es el comienzo de lo que gigantes espirituales han llamado «la vida interior», la vida de gracia en la que gozamos de amistad con Dios. Es en el silencio interior y en la amistad con Dios que florece la sabiduría, porque cuanto más cerca estemos de Dios, más fácilmente discernimos su plan para nuestras vidas.

El gran filósofo Sócrates afirmó que la vida no examinada no vale la pena vivirla.[1] Hay mucha sabiduría en esta sencilla frase. Correr diariamente como un hámster que se esfuerza en la rueda de su jaula moviéndose a toda velocidad sin llegar a ninguna parte es vivir una existencia inhumana. Estamos llamados a algo más alto. Estamos llamados a reflexionar, contemplar, examinar, explorar y considerar. Sin embargo, hoy en día nos parece que siempre tenemos algo más importante que hacer que simplemente pensar en nuestras vidas: a dónde vamos, cómo vivimos, qué clase de persona estamos tratando de ser. Corremos del trabajo a la tienda de comestibles, al gimnasio, a esa fiesta, solo para volver a casa y de inmediato revisar nuestros correos electrónicos y dormirnos con el sonido del zumbido de la televisión de fondo. Si esta clase de día tuviera lugar solo de vez en cuando, no estaríamos en serios problemas. Podríamos soportarlo. Sin embargo, para muchos de nosotros este ritmo frenético se acerca aterradoramente a ser «la historia de nuestras vidas».

No podemos encontrarnos fuera de nosotros mismos. Y no podemos encontrar la plenitud de la sabiduría fuera de Dios. La definición de quiénes somos no está solo en lo que hacemos, y menos aún en lo que pensamos que hemos logrado. La identidad y la integridad personal nacen en el interior, no desde fuera.

En 1952, el erudito alemán Josef Pieper escribió un provocativo pequeño librito titulado *Leisure: The Basis of Culture*. Pieper argumenta convincentemente que la verdadera cultura es el fruto de nuestro «tiempo muerto»; es decir, de cuando dejamos el ritmo frenético de nuestra labor y nos dedicamos a actividades que no son inmediatamente «productivas». El trabajo, dice Pieper, es ordenado por el ocio, no al revés. En el mundo occidental, la mayoría piensa en el ocio como simple pereza o la pérdida de tiempo; por el contrario, Pieper sostiene que, a fin de cuentas, el ocio es dedicarse a cosas superiores (no inferiores). De hecho, nuestro sentido común nos dice que solo cuando tenemos un momento para respirar y damos un paso atrás en el frenesí del trabajo que nos atrapa, podemos realmente empezar a pensar en lo que somos y por qué hacemos lo que hacemos.

Esto no quiere decir que todo tipo de ocio es igualmente beneficioso para nuestro ser más profundo. Por ejemplo, Pieper habría puesto reparos ante la idea de que el ocio es jugar juegos de vídeo y mirar pasivamente la televisión. La pereza y la ociosidad conducen al aburrimiento y nos impiden disfrutar adecuadamente del ocio. Si bien el ocio, por definición, es descanso del trabajo, no todo el ocio edifica el alma ni nos hace mejores personas.

Si te estás tomando el tiempo para leer este libro, probablemente ya sabes esto, o al menos lo sientes, y estás haciendo algo al respecto. La lectura nos obliga a pensar, a lidiar con ideas y conceptos, e inevitablemente a examinar nuestras vidas y decisiones. Desafía nuestras mentes y almas. Ser espiritual significa, en primer lugar, reconocer que el ser humano busca una dimensión interior. Significa dar un paso atrás para considerar y reflexionar sobre el presente, el pasado y el futuro. Significa hacer las preguntas más grandes sobre la vida y su propósito. Ser espiritual, de hecho, es estar ya en busca de «la sabiduría para reconocer la diferencia».

CAPÍTULO 32

¿Espirituales pero no religiosos?

Sin duda has oído decir a algunas personas que son «espirituales pero no religiosas». Lo que muchos quieren decir con eso es que están buscando un feliz punto medio entre el materialismo craso y el fanatismo intolerante. Sin embargo, cuando no existe un compromiso específico, «ser espiritual» puede ser nada más que un pretexto, una pose. Después de todo, el hecho de ser espirituales; es decir, tener un alma, es un puro don de Dios. Todos tenemos alma. Eso no es una virtud ni una cualidad de nuestra propia fabricación. La religión, por otra parte, es la expresión espiritual del hombre. Ya sea que tome la forma de participación en los oficios litúrgicos en una iglesia o que te arrodilles antes de ir a la cama, un acto religioso es espiritualidad en acción, una expresión necesaria en una relación con Dios.

Una persona no puede ser verdaderamente sabia a menos que ponga en acción su espiritualidad y enfrente y exprese las preguntas más grandes de la vida, incluyendo el asunto de Dios. ¿De dónde vengo? ¿Hacia dónde voy? ¿Hay vida después de la muerte? ¿Existe una justicia eterna? ¿Se ha revelado Dios al mundo? No todas las personas sabias van a dar las mismas respuestas a estas preguntas, pero todas se las harán si deciden tener el valor suficiente para planteárselas.

Judy Clark es una persona sabia. Su camino a la espiritualidad y a la religión se abrió cuando se volvió a conectar con sus raíces judías. Su fe ahora le da un marco espiritual, una visión del mundo a través de la cual puede entender su propia vida y las vidas de los demás. Le ha dado rituales, oraciones, tradiciones y una conexión con Dios. Fue su crecimiento en la sabiduría natural (un regalo de Dios que ella cultivó) lo que la llevó a Dios, y es su relación con Dios lo que ahora la nutre y aumenta su sabiduría para discernir lo que específicamente él le está pidiendo en su situación única de vida.

Como Juan Pablo II reflexiona en su libro, *Cruzando el umbral de la esperanza*, la cuestión de la existencia de Dios toca el corazón mismo de la búsqueda de sentido y sabiduría que hace el hombre.

> *Se ve claramente que la respuesta a la pregunta «An Deus sit» (si Dios existe o no) no es un asunto que solo toca el intelecto; es, al mismo tiempo, un asunto que tiene un gran impacto en toda la existencia humana. Depende de una multitud de situaciones en las que el hombre busca la importancia y el sentido de su propia existencia. Cuestionar la existencia de Dios está íntimamente unido al propósito de la existencia humana.*[1]

Como seres humanos, cuando estamos en nuestro mejor momento, buscamos naturalmente lo que es bueno y verdadero. Buscamos trascendencia y significado. Buscamos la sabiduría. Nos sentimos impulsados a ir más allá de nosotros mismos, hacia arriba, hacia lo absoluto. San Agustín expresa esta verdad en la primera página de sus *Confesiones*, cuando dice: «Nos creaste para ti y nuestro corazón andará siempre inquieto mientras no descanse en ti».[2] En un momento u otro todos experimentamos esta inquietud. Anhelamos algo más allá que las realidades monótonas de la diaria carrera del hámster. Queremos saber si todo en última instancia tiene sentido o no es más que el resultado del azar y la casualidad. Los humanos parecemos programados para hacer las más grandes preguntas, incluyendo las cuestiones religiosas.

Todo esto es para decir que cuanto más nos acercamos a Dios, más sabios nos hacemos. Esto no significa que todo gran creyente sea sabio en todo, ni que los no creyentes no puedan ser sabios en muchas cosas; sin embargo, creer en Dios cambia radicalmente —de hecho, rectifica— nuestra visión del mundo. Hace que el mundo que nos rodea se vuelva comprensible, en su nivel más profundo. En lugar de la casualidad y el azar, el orden y la inteligencia surgen como los principios que definen el mundo. Creer en Dios nos puede llevar a encontrar un propósito divino detrás de las cosas; a la convicción de que Dios «tiene la intención» de cambiar las cosas para nosotros y que está interesado en nuestro bienestar. ¿Ves cuán integral es este tipo de fe viva que nos da la capacidad de saber discernir la mejor decisión que podemos hacer y lo que Dios quiere de nosotros para alcanzar la plenitud de la sabiduría?

En la tradición judeocristiana, este descubrimiento de Dios como el origen y el propósito de toda la creación está vinculado con el amor. Dios no solo nos «crea» o nos «conoce», sino que también nos «ama». Lo que es cierto a gran escala es también cierto para cada uno de nosotros como individuos. Jesús dijo que ni siquiera un gorrión cae del cielo sin Dios saberlo, y les aseguró a sus seguidores que su preocupación por nosotros, los seres humanos, es mucho mayor. Lo dijo para fortalecer nuestra confianza en Dios y nuestra creencia en su providencia en nuestras vidas.

La fe religiosa no se limita a ofrecer un marco para comprender mejor el universo o nuestras propias vidas. Ni siquiera es una búsqueda intelectual que se detiene con convicción en la existencia de Dios. Podemos hablar de Dios en teoría, pero nunca podremos empezar a entender quién es ni lo que quiere de nosotros (discernimiento) mientras no lo dejemos entrar a nuestras vidas. La «cuestión de Dios» siempre debería terminar como algo existencial, tocando cada parte de lo que somos. En la medida que dejemos que Dios entre a nuestras vidas, vendrá como invitado y nuestra amistad con él crecerá. No es muy diferente a la amistad entre los humanos, que se profundiza cuando pasamos tiempo juntos y compartimos experiencias buenas y malas. Con nuestras amistades, siempre se nos pega algo de ellas. Llegamos a parecernos. El contacto personal y la amistad con Dios nos traen sabiduría, ya que tenemos una relación con la sabiduría misma.

Entiendo perfectamente que la disposición a enamorarse de Dios y escuchar su voz asusta un poco. ¿Qué nos va a decir? ¿Qué podría pedir de nosotros? Aquí es donde la fe se experimenta como un problema y también como una solución. Aunque es un poco atemorizante escuchar la voz de Dios, si realmente hemos encontrado el amor divino, sentimos aun más consuelo al saber que Dios nunca nos va a pedir nada que no sea lo mejor para nosotros.

Por lo tanto, otra vez estamos en la necesidad de encontrar valor. Necesitamos valor para comprometer nuestra alma en la búsqueda de Dios, para transformar la espiritualidad dada por Dios en una respuesta religiosa de amor. Necesitamos valor no solo para cambiar las cosas que sí podemos cambiar, sino también para atrevernos a confrontar las preguntas más grandes de la vida, a buscar la sabiduría en Dios mismo y su propósito y el plan para toda su creación.

A nuestras tres peticiones de serenidad, valor y sabiduría, Dios responde con una sola solución: la transformación gradual de nuestra alma para pensar, sentir, juzgar y actuar más como él.

Señor, creo indudablemente que tú eres la sabiduría misma. Tú eres verdad, bondad y belleza. Tú eres el dador de la vida y el dador del propósito. Hoy, Señor, voy a buscar tu rostro. Quiero que seas el invitado especial de mi alma; y como tal, serás bienvenido. Quédate conmigo. Enséñame. Consuélame. Permite que el corazón me dirija mientras vivo la vida y la misión con las que me has bendecido.

CAPÍTULO 33

Los susurros de Dios

A lo largo de los siglos, muchos de los santos hombres y mujeres que han defendido la idea de separar un tiempo para la oración, también han sugerido que cultivemos lo que ellos llaman «la presencia de Dios». Esto significa aprender a ser conscientes de la presencia de Dios en todo momento, no solo durante el tiempo de oración. Ser conscientes de su actividad en el mundo abre nuestras mentes y corazones a la sabiduría de ver todas las cosas a través de sus ojos. Una homilía maravillosa que data del siglo VI antes de Cristo, ofrece este simple consejo a los discípulos de Jesús:

> *Definitivamente, el alma no solo debe volverse a Dios en los momentos de oración explícita. En lo que sea que estemos involucrados, trátese de la atención a los pobres, o en algún otro programa de servicio o algún acto de generosidad, debemos recordar a Dios y anhelar a Dios. El amor de Dios será como la sal en la comida, haciendo de nuestras acciones un plato perfecto para poner delante del Señor de toda las cosas.*[1]

Esto nos trae de vuelta a la cuestión del silencio. Solo cuando hacemos una pausa en medio de nuestras actividades podemos oír la voz de Dios. Y he aquí el problema: Dios no grita para hacerse oír; él susurra. En un conocido pasaje del primer libro de los Reyes, el profeta Elías va al monte Horeb para encontrarse con Dios. ¿Y con qué aspecto se presenta Dios? Así lo relata el pasaje:

> *En aquel momento pasó el Señor, y un viento fuerte y poderoso desgajó la montaña y partió las rocas ante el Señor; pero el Señor no estaba en el viento. Después del viento hubo un terremoto; pero el Señor tampoco estaba en el terremoto. Y tras el terremoto hubo un fuego; pero el Señor no estaba en el fuego. Pero después del fuego se oyó un sonido suave y delicado. Al escucharlo, Elías se cubrió la cara con su capa, y salió y se quedó a la entrada de la cueva (1 Reyes 19.11-13).*

Dios no se revela en el viento fuerte, ni en el terremoto, ni en el fuego, sino en el sonido suave y delicado. Nuestro Dios no es un Dios de trompetas y gongs, sino un Dios de susurros. Lo sabemos por experiencia, por la forma en que habla en nuestra conciencia, presionando con cuidado, suavemente, nunca imponiendo. ¿Y por qué es esto? ¿Por qué Dios no es más enérgico para hacer sentir su presencia? ¿No habría más gente creyendo en él? ¿No habrían más personas haciendo su voluntad si hablara con más fuerza?

Andrew es un joven desamparado que se pasa el día en la calle Cuarenta y nueve en Manhattan, justo al final de la calle donde está mi oficina. Tiene un pequeño puesto hecho de cajas de leche donde vende copias de fotos sobre algunos puntos de interés de la ciudad de Nueva York. La mayoría de la gente trata de evitarlo, porque parece estar afectado por problemas sicológicos de algún tipo. Él siempre está hablando solo y en voz alta. Lo que dice podría resultar bastante inquietante. Por ejemplo, repite una y otra vez que «las personas de hoy día son como zombis que solo se preocupan por los números y los terroristas». Esa es la esencia de lo que dice. Andrew logra vender algo solo cuando alguien ve alguna foto desde lejos y no oye que está hablando solo. Una vez que la persona se acerca, reaparecen las viejas habilidades sociales de Andrew y puede cerrar la venta.

Este joven vendedor se ha convertido en una gran bendición para mí. Es posible que Andrew esté enfermo y no tenga hogar, pero un día inolvidable en julio fue la voz clara e innegable de Dios para mí.

Creo que había conocido a Andrew unos seis meses antes. Por lo general, lo saludaba cuando pasaba por su lado y, de vez en cuando, le ofrecía comprarle almuerzo y traérselo cuando yo regresaba del mío. Me avergüenza reconocer que nunca me había preocupado por preguntarle su nombre. Y nunca lo hice porque pensaba que saberlo no haría ninguna diferencia. Creí que a él le daría lo mismo que yo lo supiera o no, y que lo único sobre lo que me hablaría sería de números, terroristas y zombis.

Sin embargo, en este caluroso día de julio, iba apurado, así que traté de evitar el puesto de Andrew y, por supuesto, a él. Cuando comencé a cruzar la calle por otro lado, oí que alguien me llamaba por mi nombre en voz alta: «¡Jonathan!». Me volví, esperando ver a uno de mis compañeros de trabajo, pero en su lugar vi al bueno de Andrew mirándome con una gran sonrisa. Me sorprendió que supiera mi nombre y lo usara, así que me apresuré a ir hacia él. Estoy seguro de que su sonrisa se debía a mi sorpresa al darme cuenta que sabía mi nombre y, además, por haberme sorprendido evitándolo. «¿Cómo sabes mi nombre?», le pregunté. «Siempre lo he sabido», me respondió.

Hasta el día de hoy no sé si yo le dije mi nombre cuando nos conocimos meses antes o si le preguntó a alguien cómo me llamaba. De cualquier manera, ese día Dios me susurró a través de la voz y el rostro de Andrew. Este muchacho que luchaba tan terriblemente con su enfermedad mental se había preocupado lo suficiente por mí como para aprenderse mi nombre. Y me llamó, cuando yo lo estaba evitando. Yo no lo sabía, pero me di cuenta que realmente se interesaba en nuestras conversaciones, a pesar de que para mí habían sido siempre lo mismo, y más o menos inútiles. Los susurros de Dios vienen en muchas formas. Luego de que Andrew me afectara tan profundamente aquel día, no puedo dejar de tratarlo a él y a otros como él con reverencia y respeto sagrado. Después de todo, Dios puede estar susurrándome en sus voces, diciéndome cómo tengo que cambiar, cómo tengo que amar mejor y a más personas. Cuando escuchamos la voz de Dios, no importa lo silenciosa o inesperada que pudiera ser, crecemos en sabiduría.

Me aventuraría a especular que Dios decide manifestarse en susurros por al menos cuatro razones. La primera es su total respeto por la libertad humana. Nuestras decisiones deben ser verdaderamente nuestras. Somos, al parecer, las únicas criaturas en la tierra a las que Dios creó libres. Las aves no deciden espontáneamente un año que ya no van a emigrar más a Florida sino que en su lugar van a ir a México, o que van a quedarse en el estado de Nueva York y desafiar el invierno allí. Van donde sus instintos las dirijan. En este sentido, los animales nunca actúan por debajo de su naturaleza, ni tampoco actúan por encima de ella. La obedecen perfectamente. Los seres humanos somos diferentes. Solo nosotros podemos actuar como bestias irracionales o como ángeles; elevarnos por encima de la naturaleza, o hundirnos debajo de ella; llevar a cabo actos de generosidad heroica y, al mismo tiempo, realizar actos de mezquindad vergonzosa. Y pareciera que Dios quiere que así sea: que seamos libres para hacerlo o rechazarlo, libres para obedecer o desobedecer, libres para entregarnos con amor o reservarnos para nosotros mismos en una actitud de franco egoísmo.

Dios estuvo dispuesto a arriesgarse ante la posibilidad de millones de años de desobediencia humana y rebelión contra él y del uno contra el otro, porque, en su opinión, las veces en que usamos la misma libertad para hacer el bien —amor humano— son muy buenas, auténticas y hermosas. ¿Alguna vez habías pensado en esto?

Otro aspecto de la decisión de Dios de respetar nuestra libertad susurrándonos es que cuando él habla en voz alta, su voz es obligatoriamente escuchada y obedecida. Cuando Dios ordena: «Sea la luz», se hace la luz, sin cuestionamientos. Su palabra es autoridad, y lo que él declara se hace. Cuando Jesús le dice al embravecido mar de Galilea: «¡Quieto!», el mar obedece inmediatamente. Con nosotros los mortales es diferente. Él no se impone con su autoridad. Él susurra, sugiere, inspira. Él nos da empujoncitos gentiles, pero nunca nos tuerce el brazo ni nos obliga a someternos. Dios quiere que nos acerquemos a él libremente y decidamos obedecerle por nuestra propia voluntad, no por la fuerza. Su respeto por nosotros es demasiado grande. Esto es maravilloso, pero también un poco atemorizante, ya que hace que nuestras decisiones y sus consecuencias sean, en última instancia, nuestra responsabilidad.

Una segunda razón por la que Dios escoge no gritarnos, sino susurrarnos, es por su celo justo. En el libro de Éxodo encontramos a Moisés recibiendo este mandamiento de parte de Dios: «No adoren a ningún otro dios, porque el Señor es celoso. Su nombre es Dios celoso» (Éxodo 34.14). Por lo general, pensamos que ser celoso es una debilidad. Una mujer celosa, por ejemplo, puede ser hipersensible a los tratos de su marido con otras mujeres y suponer cosas cuando no son. Sin embargo, los celos de Dios son producto de su amor consumidor por nosotros. Él nos quiere para él porque nos hizo para él. No quiere compartir nuestras lealtades con los ídolos. Un corazón dividido es un corazón desdichado. Y él no se va a rebajar para competir en una pelea a gritos con todas las voces que compiten por captar nuestra atención. Si amamos el dinero y la fama, la gloria y el placer, entonces no va a haber competencia. Él no va a compartir el campo con estos contendientes que quieren conquistar nuestros corazones. Si nos preocupamos más por lo que la gente piensa de nosotros que por lo que Dios piensa, él esperará pacientemente, pero no se va a imponer a la fuerza ni va a tratar de convencernos de que hagamos algo diferente a lo que queremos hacer. Así que él espera, como un amante paciente, dispuesto a llevarnos de vuelta cuando nos hayamos dado cuenta de que solo él satisface nuestros corazones.

Tercero, Dios susurra para que otros no puedan oír lo que nos dice. Él respeta la privacidad y la interioridad de las conciencias y nunca hace de ese santuario interior sagrado algo accesible a los demás, a menos que nosotros optemos por compartirlo. Nuestra conciencia tiene la función de juzgar nuestras propias acciones e intenciones, no las de los demás. Por lo tanto, nadie más está al tanto de los impulsos secretos de Dios en nuestros corazones. Él nunca los hace públicos. Podemos escucharlos y optar por seguirlos o no, sin que nadie más sea consciente de ello. Solo Dios lo sabe. Él nos ofrece una intimidad que nadie puede violar.

Una cuarta razón para los susurros de Dios podría ser a fin de librarnos de la desesperación. Si todas las inspiraciones, instrucciones y correcciones de Dios se nos lanzaran a la cara a todo volumen todo el tiempo, tendríamos que reconocer lo lejos que estamos de sus justas y razonables expectativas, y esto podría llevarnos a la desesperación: «Déjame, Señor, soy un pecador». En cambio, sus exhortaciones son accesibles en esa voz tranquila que podemos descubrir en el silencio, en la oración, una o dos a la vez, y así nuestra fragilidad humana puede manejarlas.

Jesús dijo: «El que tenga oídos para oír, que oiga». La decisión de oír o no es en última instancia nuestra. Él nos ofrece su sabiduría, pero solo si estamos dispuestos a cerrar la puerta y escucharlo a él en el silencio de nuestros corazones.

Todo esto se puede resumir diciendo que Dios decide hablarnos a ti y a mí en susurros porque siempre está tan cerca de nosotros que ese susurro es todo lo que necesita.

Oh, Señor, creo que estás junto a mí y que me estás hablando todo el tiempo. Cuando mis ojos y mis oídos están abiertos, te veo y te oigo en tu creación, en la Biblia, en la iglesia y en cada circunstancia de la vida que tú me permites experimentar. Hoy, Señor Jesús, me comprometo a escuchar tus susurros y a hacer lo que me ordenes.

CAPÍTULO 34

El principio de toda sabiduría

Si alguien te preguntara de dónde viene la sabiduría, ¿qué le dirías? Tal vez provenga de la lectura de buenos libros, o de pasar tiempo con personas de gran conocimiento. Quizás sea el resultado de haber vivido una larga vida con muchas y variadas experiencias. Sin embargo, cuando la Biblia habla de la sabiduría, no dice que se origine en una cuidadosa consideración, o en reflexiones filosóficas, ni siquiera en muchos años de experiencia. El principio de la sabiduría, leemos, es el «temor del Señor» (Proverbios 9.10). Esto puede parecer un poco extraño para nosotros. ¿Realmente Dios quiere que le tengamos miedo? ¿Cómo podría el «miedo» convertirnos en sabios?

El filósofo y político italiano Nicolás Maquiavelo pregunta en su obra clásica *El príncipe* si un monarca debe empeñarse en que le teman o que le amen. Y, en su típico estilo, dice: «Podría responderse que uno debería desear ser las dos cosas a la vez, pero debido a que es difícil unir a ambas en una sola persona, es mucho más seguro ser temido que ser amado, cuando, de las dos, deba suprimirse una».[1] En otras palabras, ser temido y ser amado son las dos cosas buenas, pero ya que es difícil ser las dos a la vez, es más conveniente ser temido si un monarca debe elegir entre las dos. Maquiavelo explica: «Los hombres tienen menos escrúpulos en ofender a uno que es amado que a uno que es temido, porque el amor se preserva por el vínculo de la obligación, vínculo que, debido a la bajeza de los hombres, estos quebrantan en cada oportunidad para su propio beneficio; pero el miedo preserva a la persona por temor al castigo que nunca falla». Al menos para Maquiavelo, el miedo parece imponerse al amor cuando se trata de mantener los asuntos de uno en orden.

Sin embargo, no me puedo imaginar que esto haya sido lo que el autor bíblico tenía en mente cuando habló del «temor del Señor» como el principio de la sabiduría. No hay duda de que Dios prefiere ser amado que temido. En cierto modo, el amor y el miedo son absolutamente incompatibles. El mismo San Juan escribió: «En el amor no hay temor, sino que el perfecto amor echa fuera el temor; porque el temor lleva en sí castigo. De donde el que teme, no ha sido perfeccionado en el amor» (1 Juan 4.18, RVR1960). Entonces, ¿por qué los cristianos todavía hablamos del «temor del Señor» como si se tratara de algo bueno?

«El temor del Señor» es uno de los siete dones del Espíritu Santo y tiene muy poco que ver con el miedo, en el sentido de la emoción penosa suscitada por un peligro inminente. De hecho, San Agustín señala que existen varios tipos de miedo y que el temor del Señor no es «miedo humano», sino el miedo del cual se dijo: «Teman más bien al que puede hacer perecer alma y cuerpo en el infierno» (Mateo 10.28).[2] En pocas palabras, el miedo en este sentido significa «hacer caso», «tomar en serio», o incluso «honrar como digno de respeto». Decir que no tememos ni a Dios ni a los hombres significa que consideramos muy poca cosa la opinión de los demás, incluso la de Dios. Decir que alguien es una persona «temerosa de Dios» significa que le importa más lo que Dios piensa que lo que otros piensan, y trata de complacerlo más que a las personas.

Ya en este punto sabes que Santa Catalina de Siena es una de mis doctoras favoritas de la iglesia. Ella hizo una distinción importante con respecto a la sabiduría y al temor de Dios. En su *Diálogo*, con frecuencia hace la distinción entre lo que ella llama «temor servil» y «temor santo». Uno es el temor de los siervos o esclavos y el otro el de hijos e hijas. Uno engendra tristeza y ansiedad; el otro, alegría y paz. Y después de plantear una pregunta similar a la de Maquiavelo, Catalina oye que Dios le da la respuesta opuesta. El temor servil no es suficiente para la vida eterna; el amor es esencial. La antigua ley era la ley del temor; la nueva ley es la ley del amor. Cuando Jesús les dijo a sus seguidores: «Ya no os llamaré siervos, sino amigos», estaba describiendo la diferencia entre la ley antigua y la nueva ley.

¿Has notado que no hay nada más reconfortante que estar con alguien al que no le importa lo que otros piensen de él o ella? Estas personas son las más felices, las más alegres y libres, y no tienen agendas ocultas. De hecho, no tienen agendas personales. Punto. Lo que ves es lo que es, y lo que ves es abnegación. Por otra parte, usualmente es obvio que alguien que está tratando con fines egoístas de impresionar a los demás, consigue su voto o gana su aprobación, pero existe falsedad. Son personas sofocadas y restringidas, y no son libres. En ese estado de mente, nadie puede ser plenamente feliz.

Me he sentido especialmente complacido por la continua advertencia del papa Francisco al clero sobre el «clericalismo». Ha dicho que la creación de tal carrera es la antítesis de nuestro llamado al servicio. ¡Cuán cierto es eso! Los sacerdotes jóvenes más felices que conozco, por ejemplo, son los que realmente no quieren ser monseñores ni obispos, y que evitan hacer cualquier cosa con tal de ascender en la escalera eclesiástica. ¡Cuán liberador es no tener otra agenda que no sea el amor y no temer a ninguna otra cosa que a desagradar a Dios! Si estoy haciendo lo que debo y aun así mi jefe o un obispo no está contento conmigo, voy a estar bien. Si me asignan la peor tarea posible, ¡todavía voy a estar bien! No solo no estoy subiendo una escalera, sino que ni siquiera tengo una a la vista. Confío en que el mismo Jesús será mi escalera el día que Dios me llame a casa con él. Si esto es cierto para los clérigos, es igualmente cierto para los laicos. ¿A quién estás tratando de complacer, y por qué? ¿Para qué estás viviendo? La sabiduría que Dios quiere para nosotros nos traerá, en última instancia, a un lugar de mucha paz y alegría.

Es saludable que nos preguntemos por qué hacemos lo que sabemos que no debemos hacer, y por qué no hacemos lo que sabemos que debemos hacer. Cuando nuestro pecado y el egoísmo son solo signos de nuestra debilidad, podemos hacer lo mejor que podamos, pedirle a gente de confianza consejos sobre cómo superar nuestras deficiencias y volver a levantarnos después de cada caída. No obstante, a veces hay un problema fundamental: no hemos hecho un compromiso serio con Dios. Todavía estamos viviendo para nosotros mismos. No tenemos un «temor santo» del Señor.

El temor del Señor es el principio de la sabiduría. Si miramos a Dios como nuestro punto de referencia, si nos volvemos a él como aquel que define lo que es importante y lo que no lo es, y si queremos agradar a Dios más que cualquier otra cosa, ya hemos emprendido el camino de la verdadera sabiduría. Hemos descubierto la justa medida de lo que es y lo que no es. Si tememos al Señor más que a los hombres, si prestamos atención a su Palabra más que a la astucia del mundo, ya hemos plantado nuestra confianza donde pertenece. Y eso, sin duda, es sabiduría.

Padre celestial, aunque ya lo he dicho antes, hoy lo repito con profunda convicción: he decidido vivir para ti.
Aumenta en mí un santo temor hacia ti, y solo hacia ti.
Purifica mis intenciones para que solo quiera agradarte y amar a los demás de la misma forma que tú les amas.

CAPÍTULO 35

Discernimiento

La canción popular «¡Turn! ¡Turn! ¡Turn!» se convirtió en un éxito internacional a finales de 1965, cuando la banda estadounidense de rock folclórico *The Byrds* la popularizó. Escrita por Pete Seeger en 1959, la canción ostenta la distinción de tener la letra más antigua de cualquier éxito número uno en la lista de la revista *Billboard*, puesto que es una adaptación del libro de Eclesiastés. La letra de estos versículos —que con frecuencia se atribuye al rey Salomón— presenta una lista de actividades humanas que corresponden a tiempos o épocas particulares:

> *Todo tiene su tiempo, y todo lo que se quiere debajo del cielo tiene su hora.*
> *Tiempo de nacer, y tiempo de morir; tiempo de plantar,*
> *y tiempo de arrancar lo plantado;*
> *tiempo de matar, y tiempo de curar; tiempo de destruir,*

y tiempo de edificar;
tiempo de llorar, y tiempo de reír; tiempo de endechar,
y tiempo de bailar; tiempo de esparcir piedras,
y tiempo de juntar piedras; tiempo de abrazar, y
tiempo de abstenerse de abrazar; tiempo de buscar,
y tiempo de perder; tiempo de guardar,
y tiempo de desechar; tiempo de romper, y tiempo de coser;
tiempo de callar, y tiempo de hablar; tiempo de amar,
y tiempo de aborrecer; tiempo de guerra, y tiempo de
paz (Eclesiastés 3.1-8, RVR1960).

Según el autor de la letra, hay un tiempo apropiado para todo y, por extensión, podemos decir que también hay un tiempo inapropiado para todo. Hay un tiempo para bailar, sin duda, pero lo más seguro es que no nos pondríamos a bailar durante un examen final o en el funeral de un amigo. La virtud del discernimiento o la discreción nos señala el tiempo y el lugar apropiados para todo, y nos permite distinguir entre las cosas que parecen casi lo mismo. Discernir significa separar. Discernimiento es sabiduría en acción, y es una virtud atribuida a la palabra de Dios.

La palabra de Dios, leemos en la Carta a los Hebreos, «tiene vida y poder. Es más cortante que cualquier espada de dos filos, y penetra hasta lo más profundo del alma y del espíritu, hasta lo más íntimo de la persona; y somete a juicio los pensamientos y las intenciones del corazón» (Hebreos 4.12). Aquí, la palabra «juicio» (*discretor*, en latín) significa «discernir». Una palabra dicha en la forma y el momento apropiado puede levantar al cansado, animar al tímido o traer paz al atribulado. Sin embargo, una palabra pronunciada de mala manera o en el momento inapropiado puede tener el efecto contrario. Puede avergonzar, dividir, perturbar y escandalizar. ¿Y quién puede juzgar? ¿Quién puede conocer el mejor momento para actuar o la mejor palabra que decir? Esto, también, es sabiduría; una sabiduría que humildemente pedimos del Espíritu de sabiduría, Dios mismo.

> *Espíritu Santo,*
> *inspírame para saber qué pensar,*
> *lo que debo decir,*
> *lo que debo callar,*
> *lo que debo escribir,*
> *lo que debo hacer,*
> *cómo debo trabajar por el bien de los demás,*
> *por el cumplimiento de mi misión*
> *y por el triunfo del reino de Cristo.*

En su corto libro *Los ejercicios espirituales*, Ignacio de Loyola, fundador de los jesuitas, enseña que un aspecto importante del discernimiento en asuntos relevantes es el «discernimiento de espíritus». Aquí «espíritus» se refiere a la acción perceptible de Dios en nuestras almas guiándonos en una dirección determinada, mientras consideramos tomar un camino u otro. Descubrimos esta acción divina —el mover del Espíritu en nuestras almas— durante un período prolongado de tiempo. Me explico.

No hace mucho me encontraba en Roma con el cardenal Timothy Dolan y tuve el placer de ser copresentador de su programa de radio en el Canal Católico de SiriusXM. Tuvimos una audiencia en vivo de estudiantes universitarios y les invitamos a hacerle preguntas al cardenal. Un joven le contó al cardenal su emotivo relato sobre la ruptura con su novia la semana anterior. Y preguntó: «Cardenal Dolan, ¿cómo sé si hice lo correcto?». El público no sabía si reír o llorar. Por un lado, era gracioso escuchar el estudiante pedirle al cardenal Dolan su consejo acerca de aquel conflicto romántico y, específicamente, sobre una chica a quien el cardenal no conocía. Por otro lado, la cuestión era tan personal y tan reciente que todo el mundo estaba triste por este joven. De cualquier manera, todos tenían ansias por escuchar la respuesta del cardenal.

Casi siempre, el cardenal Dolan comienza su respuesta a cualquier pregunta con una broma; de esa manera tranquiliza a su audiencia y prepara los corazones para la respuesta que puede ser muy seria y que está a punto de dar. Esta vez, sin embargo, se puso muy serio. Creo que él reconoció la pregunta como algo difícil. Y muy importante. Comenzó recordándole a este joven que cuando estamos discerniendo la voluntad de Dios en un asunto como este, por lo general hay ciertas cosas de las que podemos estar seguros. Por ejemplo, si su ex novia está casada... no es la persona correcta. Si él ya está casado... ella no es la persona correcta. Si ella no comparte ninguno de sus valores... probablemente no es la persona correcta. Si a él no le gusta ella, o si a ella no le gusta él... definitivamente no es la persona correcta. Si las personas en las que él más confía le dicen que ella no le conviene... probablemente ella no es la persona correcta.

Cuando esas preguntas básicas se aclaran, continuó el cardenal, y todavía no sabemos qué hacer, por lo general es porque necesitamos más discernimiento. Aquí entra en el juego el «discernimiento de espíritus» de Ignacio. El cardenal Dolan le explicó a este joven que el discernimiento de espíritus implica analizar el estado de nuestra mente y nuestro corazón durante un período prolongado de tiempo. ¿Hay una paz duradera y la serenidad que viene de una o de las otras opciones? Durante un período de tiempo prolongado, ¿estamos más dispuestos a orar, a mantener la comunión con Dios, y a amar a las personas a nuestro alrededor cuando estamos en este camino más que en el otro?

Tal como le recordó el cardenal Dolan a este joven, el discernimiento de espíritus —la detección de la acción divina en nuestras almas— nos mueve con gentileza en la dirección que va a ser mejor para nosotros y nos ayuda a tomar decisiones sabias. La sabiduría para reconocer la diferencia es tan cierta como sutil. Dios está a nuestro lado. Él no está esperando para castigarnos si buscamos su voluntad pero nos equivocamos. Todo lo que pide de nosotros es un corazón y una mente dispuestos escuchar y obedecer sus susurros. Dios es realmente el origen de toda sabiduría humana, y por esto oramos.

En lo más profundo de mi ser, solo quiero hacer tu voluntad, oh Señor. A veces mi mente, mi corazón o mi cuerpo me dice que otra forma es mejor. Concédeme hoy el don de la generosidad mientras discierno tu voluntad. Dame tu sabiduría para discernir el camino que debo tomar, en asuntos tanto grandes como pequeños.

CAPÍTULO 36

No evites los riesgos; asume los correctos

La «sabiduría para reconocer la diferencia» nos habla de un espíritu de discernimiento, un espíritu que no es tímido ni temerario, sino uno con claridad y propósito. Generalmente asociamos la prudencia con la aversión al riesgo, con la capacidad de controlar los impulsos y tomar el camino más cuidadoso y «prudente». Por ejemplo, ¿cuál de los siguientes casos normalmente asociarías con la virtud de la prudencia?

1. A una mujer le ofrecen un ascenso a vicepresidente internacional de su empresa, y después de sopesar las opciones y discutirlo con su marido, acepta el trabajo a pesar de los efectos que esto tendrá en su vida familiar debido al aumento de viajes y responsabilidades.
2. A un hombre le ofrecen asociarse en una nueva empresa que promete ganancias probables de más del veinticinco por ciento, pero declina la oferta pues no quiere arriesgar el capital de su familia.
3. A una mujer le piden su opinión sobre el matrimonio homosexual y responde con mucha diplomacia para evitar ofender sensibilidades y arriesgar su trabajo.

4. A un hombre lo invitan a un viaje de negocios a Las Vegas, pero conociendo su debilidad por el alcohol y las mujeres y los valores de sus compañeros de trabajo, decide no ir.

Todos estos son ejemplos de personas que ejercen adecuadamente lo que podría describirse como prudencia, pero nos sentimos naturalmente inclinados a ver las decisiones más precavidas como las más prudentes. Sin embargo, como hemos visto a lo largo de la vida de Jesús, la prudencia no es solo una cuestión de saber qué no decir o qué no hacer, sino también de saber qué decir y qué hacer incluso cuando las personas están alteradas, especialmente nosotros mismos.

Podemos encontrar un ejemplo perfecto de esto en los Evangelios. Simón Pedro y los otros apóstoles van atravesando el mar de Galilea. Su barca es azotada por las olas porque el viento es contrario (Mateo 14.22-33). En la madrugada, ven a Jesús que viene hacia ellos caminando sobre las aguas. Pedro grita: «¡Señor, si eres tú, manda que yo vaya a ti sobre las aguas!». Mientras tanto, los otros apóstoles se sientan en la barca para ver qué va a pasar. ¿Quién es más prudente, Pedro o los otros apóstoles? Nosotros pensaríamos inmediatamente que los otros apóstoles, ya que evitan lo difícil que es salir de la barca para tratar de caminar por el agua en un mar tormentoso. Sin embargo, cuando Pedro le dice esto a Jesús, él responde: «¡Ven!». Entonces Pedro sale de la barca y comienza a caminar hacia él. La absoluta confianza de Pedro en el Señor es buena y, en última instancia, es un ejercicio prudente.

Tomás de Aquino describe a la prudencia como la reina de las virtudes y el «cochero» que lleva todas las riendas en la mano y que coordina todas las otras virtudes como si fueran caballos que tiran del carro. Basándose en esto, el Catecismo de la Iglesia Católica promovido por Juan Pablo II habla de la prudencia como «la virtud que dispone de la razón práctica para discernir nuestro verdadero bien en cada circunstancia y elegir los medios correctos para alcanzarlo... Prudencia es, en consecuencia, "la buena razón en acción"».[1]

A pesar de lo racionalista que pueda parecer la sociedad secular, creo que la razón ha caído realmente en desgracia. Ahora se habla más sobre toma de decisiones emocionales, sentimientos viscerales y sensibilidades que de decisiones racionales, que suenan como algo frío e insensible. Sin embargo, a la larga, las buenas acciones responden a una buena razón. Para un cristiano, esta es la razón iluminada por la fe.

Tomemos una simple analogía del mundo de los deportes. Pensemos en un jugador de béisbol en su turno al bate. Tiene que tomar decisiones, pero en realidad se reducen solo a dos: hacer o no el intento de pegarle a la bola con su bate cada vez que el lanzador hace un lanzamiento. A pesar de lo sencilla que es la decisión, existen muchos factores que él debe considerar; con frecuencia, en un instante. Es aquí cuando la riqueza de un proceso prudente de toma de decisiones se hace más evidente. Por un lado, existe la posibilidad de oportunidades perdidas (el peligro de esperar demasiado o de perder el mejor lanzamiento). En otras palabras, hay consecuencias si el bateador no actúa. La prudencia no siempre aconseja inacción, pues sabe que tanto la acción como la inacción tienen sus ventajas y sus riesgos. El bateador debe evitar el doble peligro del perfeccionismo (esperar por el lanzamiento perfecto) y la negligencia (asumir que todos los lanzamientos van a ser buenos, que todos son iguales).

Segundo, el bateador debe evaluar la oferta que tiene delante: la calidad del lanzamiento. ¿El lanzamiento es un strike o una bola? ¿Es alto o bajo? ¿Dentro del alcance del bate o fuera de él?

Tercero, la prudencia también exige autoconocimiento. El bateador debe tener presente sus propias fortalezas, debilidades, inclinaciones o tendencias: ¿qué lanzamientos prefiere (o cuáles lo engañan)? ¿Con cuánta precisión batea los lanzamientos bajos, los altos, las curvas o las bolas rápidas? En todas nuestras decisiones, necesitamos tener en cuenta no solo la decisión a tomar, ¡sino también la persona que la toma!

Cuarto, nuestro bateador debe tomar en consideración varias circunstancias que afectarán su manera de decidir. ¿Cómo está el conteo de bolas y strikes? ¿Puede darse el lujo de equivocarse en el siguiente lanzamiento? ¿Cuántos hombres hay en base? ¿Cómo está el marcador del juego? ¿En qué entrada están? Si el conteo está 3-0 el bateador puede relajarse más que si está 0-2. Si su equipo tiene suficiente ventaja en el marcador sobre el equipo contrario, puede estar más relajado que cuando el marcador está cerrado.

Te conté antes sobre mi angustiosa decisión de dejar la orden de sacerdotes misioneros de la que había sido miembro por quince años y mudarme a Nueva York para ser sacerdote de una parroquia. Al separarme de mi familia religiosa, tenía serias preocupaciones de que mi elección hubiera sido imprudente, de que tal vez habría sido mejor dejar las cosas como estaban. Sin embargo, había algo dentro de mí —que ahora sé que era el mover del Espíritu— que me empujó lo bastante duro y por el tiempo suficiente como para decidir lanzarme a aguas profundas y desconocidas. En este caso, no puedo decir que inicialmente haya seguido la ruta recomendada de «discernimiento de espíritus». Eso vino después. Por el momento, solo sabía que Dios me estaba guiando para seguir adelante, y rápido. Mirando hacia atrás en lo que ocurriría dentro de la orden religiosa en los próximos años, veo por qué Dios me estimuló a actuar tan rápidamente. Si hubiera esperado más tiempo, me habría visto obligado a quedarme y a ser parte del proceso de reforma inminente ordenada por el Vaticano. Eso fue seguramente lo que Dios les pidió a los demás, pero por alguna razón no me lo pidió a mí.

Estoy volviendo a traer esta historia personal a nuestra jornada de búsqueda de la paz de Dios a través de la serenidad, el valor y la sabiduría para demostrar que, al final, todos estos son dones de Dios que vienen en paquetes personalizados. Fue Dios quien me mostró lo sabio y prudente que fue hacer el cambio en ese momento. Mi decisión no fue el resultado de un estudio racional de la situación o de la aplicación de una fórmula genérica.

Por último, los hábitos son importantes. Como virtud, la prudencia no es una buena acción, sino un buen hábito. No es posible que un bateador analice todo en el momento. Necesita confiar en sus instintos. Sin embargo, sus instintos no son tendencias innatas, sino patrones de conducta aprendidos que se han grabado por la repetición. Nunca debemos confundir la experiencia (tomar decisiones buenas y racionales) con la simple intuición (o sea, las corazonadas). La repetición de buenas acciones deliberadas e inteligentes crean buenos hábitos, y con el tiempo este tipo de acciones buenas se convierten en una segunda naturaleza. Cuando estás en tu turno al bate, no importa cuántos buenos libros sobre béisbol hayas leído. Lo que importa es cómo te has acondicionado para hacer lo correcto en una fracción de segundo, cuando no hay tiempo para calcular todas las dimensiones que involucra esa decisión. Así también es en la vida espiritual. El individuo que tomará las mejores decisiones será el que se haya formado el hábito de escuchar la voz de Dios y seguirla dondequiera que lo dirija.

La «sabiduría para reconocer la diferencia» es el fruto del Espíritu, y por lo general luce como la virtud de la prudencia. La pedimos, pero también trabajamos para lograrla. Un buen hábito, más la gracia del Espíritu Santo, es la combinación perfecta para actuar como deberíamos: con serenidad, valor y sabiduría.

Padre Celestial, tú lo arriesgaste todo para darle a la humanidad libre albedrío. Has apostado a que voy a decir sí a tu amor y perdón. Dame ese mismo espíritu para asumir riesgos prudentes contra las inclinaciones de la carne que tratan de hundirme y en favor de tu plan perfecto para mi vida.

CAPÍTULO 37

Una vida con propósito y sentido

¿Te parece que estás adquiriendo sabiduría mientras lees? Incluso si no lo sientes, sospecho que sí la estás adquiriendo. Es la manera en que Dios parece impartir sabiduría. Nos alimenta con la verdad a bocados y mientras la estamos procesando parte de ella se va adhiriendo a nuestros huesos espirituales para terminar transformándose en lo que somos. Sin darnos cuenta, empezamos a pensar y a juzgar de manera diferente; a dar mayor valor a las cosas importantes; a ser más pacientes y confiados en el poder y la voluntad de Dios para intervenir cuando nosotros no podemos. Nos preocupamos menos por lo que otros piensen de nosotros y más por la manera en que Dios nos ve.

Llegar a ser los hombres y mujeres sabios que Dios quiere que seamos no ocurre de la misma manera o en el mismo orden para todo el mundo. Así como hay una infinidad de formas para armar un rompecabezas, cada uno de nosotros tiene su propia manera de abrazar la sabiduría de Dios. Cada capítulo de este libro tiene el propósito de ser una pieza del rompecabezas. Tómate tu tiempo para estudiar cada pieza. Imagínate dónde podrías colocarla, utilizarla o dejarla a un lado para volver a ella más adelante. Es posible que en algún momento en el futuro desees volver a alguno de los capítulos para ver dónde estabas en aquel momento, reconsiderar lo que se ha perdido, lo bueno, y lo que se necesita quitar o mover de lugar para completar tu mosaico de la verdad.

Pasamos mucho tiempo de nuestras vidas preocupados por lograr que las cosas sean hechas. Gran parte de nuestro entrenamiento en la escuela se dirige a aprender cómo hacer las cosas. Nos volvemos útiles y «cotizados» para algún puesto de trabajo adquiriendo destrezas en diferentes áreas. Nuestro valor ante los ojos de los demás aumenta a medida que hacemos acopio de conocimientos y ampliamos nuestro «repertorio de capacidades». Por otra parte, al hacerlo también ganamos en autoestima y en un sano sentido de independencia. Aprendemos a usar una computadora, conducir, cocinar, manejarnos con la contabilidad, llevar a cabo experimentos, comunicarnos, resolver problemas, y así sucesivamente. Estas capacidades nos hacen sentir que tenemos un buen control de la vida, y son tremendamente importantes siempre y cuando seamos conscientes de una aun más importante dimensión para nuestra existencia: el sentido detrás de todas nuestras habilidades. Si la sabiduría es la capacidad de discernir lo que es importante, entonces necesitamos saber la importancia relativa de nuestras destrezas y capacidades, tanto para el presente como para la eternidad.

A diferencia de cualquier otra criatura, los seres humanos podemos determinar los motivos de nuestras acciones, y estos motivos hacen de nosotros lo que somos. *¿Por qué me levanto por las mañanas? ¿Por qué me preocupo por un miembro de mi familia que está enfermo? ¿Por qué trato a los demás de una determinada manera? ¿Por qué voy a la escuela o al trabajo? ¿Por qué conservo una amistad?* Estas preguntas son, en última instancia, más importantes que la mera forma en que cada una de estas acciones se lleva a cabo. Tomarse el tiempo para considerar los «por qué» detrás de nuestras acciones es enormemente importante en la búsqueda de la sabiduría.

SABIDURÍA PARA RECONOCER LA DIFERENCIA

Ese gran maestro del sentido de las cosas, Viktor Frankl, reflexionando sobre su experiencia en los campos de concentración nazis, llegó a esta conclusión:

Un ser humano no es una cosa entre otras; las cosas se determinan entre sí, pero el hombre, a fin de cuentas, se determina a sí mismo. Lo que llega a ser —dentro de los límites de sus cualidades y su medio ambiente— lo ha hecho por sí mismo. En los campos de concentración, por ejemplo, en este laboratorio viviente y en este campo de pruebas, vimos y fuimos testigos de algunos de nuestros compañeros comportándose como cerdos, mientras que otros se comportaban como santos. El hombre tiene ambos potenciales en su interior; cuál se hace real depende de las decisiones y no de las condiciones.[1]

La profunda creencia de Frankl en la libertad de los seres humanos se basaba en su experiencia sobre cómo diferentes personas respondieron a circunstancias idénticas en formas radicalmente diferentes. Algunos se dejaron modelar por su entorno, mientras que otros decidieron qué tipo de personas iban a ser. Y tal como él lo explicó de manera tan conmovedora, en las terribles condiciones del campo de concentración vio «a algunos de nuestros camaradas comportarse como cerdos, mientras que otros se comportaban como santos». A lo largo de su increíble libro *El hombre en busca de sentido*, Frankl vuelve una y otra vez a un punto clave. «No hay nada en el mundo que ayude tan efectivamente a sobrevivir, aun en las peores condiciones, que saber que hay un sentido para la vida de cada uno. Hay mucha sabiduría en las palabras de Nietzsche: "El que tiene un por qué para vivir puede soportar casi cualquier cómo"».[2] Es el sentido lo que motiva nuestras acciones y nos libera de la angustia de una existencia absurda.

Algunos de esos sentidos vienen de nuestra voluntad de quererlos. Los creamos imprimiendo un significado, un valor y una motivación a nuestras decisiones y acciones. Decidimos hacer ciertas cosas de cierta manera por una cierta razón. Con nuestras decisiones, nos creamos una vida para nosotros mismos, y cada momento individual encaja en el cuadro más grande de la historia, la «autobiografía viviente», que cada uno de nosotros está escribiendo. Sin embargo, junto a ese significado que creamos nosotros mismos hay otro significado escrito en la existencia humana que no es de nuestra propia fabricación, pero que está ahí para ser descubierto. Las cosas encajan en una imagen aun más grande que es la propia historia de la humanidad, una red compleja de relaciones, sucesos y acciones.

Sin duda, hay personas que no están de acuerdo con esta idea. Dicen que el universo no tiene sentido en sí mismo, sino solo el que nosotros le demos. Que uno debe aceptar plenamente la verdad, incluso tratándose de un universo sin sentido. Y que, después de todo, es mejor congeniar con lo absurdo que vivir en un autoengaño deliberado. Sinceramente, estoy de acuerdo con esto. Una mentira con buenas intenciones o consecuencias felices sigue siendo una mentira. Aunque también estoy firmemente convencido de que la vida humana, y cada pequeño momento de ella, está impregnada de sentido. Un sentido que está ahí para que lo desenterremos. El universo es inteligible, y en esto coincidimos tanto ateos como creyentes. De lo contrario, las ciencias naturales no podrían funcionar. Debe haber leyes y patrones en la naturaleza a fin de que las ciencias naturales tengan alguna pretensión de universalidad y previsibilidad. ¿De dónde viene este significado? ¿Es producto de la casualidad o de una inteligencia creadora?

Ya sabes lo que creo porque le he entregado mi vida a la respuesta. Dios es la inteligencia creadora detrás de ti, de mí y de toda la creación. Y el significado existencial y el propósito de las cosas se pueden encontrar solo en él. Déjame decirte cómo experimento esto en mi vida de todos los días.

Hace mucho tiempo que decidí que si Dios me hizo y tiene un plan para mí, y si ese plan es, ante todo, tratar de llegar al cielo y llevar conmigo a tantas personas como pueda como me dice la Biblia, entonces debo abordar mis decisiones acerca de todo en esta vida con una simple pregunta: ¿me ayudan estas cosas, personas, organizaciones o actividades creadas a alcanzar esta meta, o son una distracción para lograrlo? Para ser honesto, a menudo dejo de hacerme esta pregunta, e incluso cuando la hago, a veces prefiero la distracción a la verdad. Sin embargo, esta opción fundamental que he hecho (Ignacio de Loyola la llama «el principio y fundamento») es algo que cambia la vida. Esta simple pregunta y su respuesta le dan sentido espiritual a lo que estoy haciendo.

Si tienes tu cónyuge y una familia y debes decidir si te mudas a otra ciudad debido a una oferta de trabajo, si te haces primero esta pregunta, te prometo que hará que la decisión correcta sea mucho más clara. Y luego, cuando la decisión esté hecha y esta resulte tan difícil que haga que tus hijos se quejen y tu cónyuge exprese dudas, bueno, estas consecuencias pueden no ser divertidas, pero tienes una buena razón para seguir adelante. Detrás de tu acción hay un propósito espiritual que los llevará a ti y a tu familia más cerca de Dios.

Podemos estar tranquilos al saber que nuestro esfuerzo por hacer la buena elección a través del discernimiento de la voluntad de Dios es el que siempre será bendecido, aunque a corto plazo el resultado pudiera ser decepcionante. Hace unos años, una familia se acercó a mí y me preguntó si la iglesia parroquial podría ayudarlos económicamente, ya que estaban pasando por una terrible crisis de desempleo y de enfermedad de la hija menor. La parroquia tiene una política de no dar dinero a las personas, sino más bien apoya programas que prestan servicios a los más necesitados; así es que referí a esta familia a varios de estos programas, pero resultó que no pudieron ofrecerles la ayuda que les permitiera resolver su problema. Los padres estaban sin trabajo, la familia de seis estaba a punto de ser desalojada de su apartamento, y la hija menor estaba internada en un hospital de la ciudad. Su situación era desesperada, y yo no pude desentenderme de ella. Así es que decidí pedirles a dos de mis amigos que me ayudaran a pagar seis meses de renta para de esta manera darles tiempo a que se recuperaran sin descuidar a su hija en el hospital. Cada uno de nosotros contribuimos con $2,000. Cuando recibí los cheques, fui con el padre de la familia al banco y abrí una cuenta a su nombre. Era su primera cuenta bancaria. Dos semanas más tarde, la familia se mudó del apartamento sin haber pagado el alquiler, y desde entonces no he sabido nada más de ellos.

Esa fue una píldora difícil de tragar. Por supuesto que me sentí traicionado por esta familia, pero también avergonzado delante de mis generosos amigos. ¿Fue sabia mi decisión? En realidad, no. ¿Sería bendecido por Dios? Absolutamente. El resultado a corto plazo de nuestras decisiones es mucho menos importante que la búsqueda sincera de la voluntad de Dios. Porque creemos en el cielo, las decisiones correctas son siempre las mejores opciones, incluso aun cuando nos equivoquemos.

El camino ordinario de la sabiduría nos lleva a hacer las preguntas difíciles acerca del sentido en el mundo y en nuestras vidas, y luego a actuar en armonía con la verdad que descubrimos.

Padre, hay demasiadas cosas en mi plato ahora mismo, mucho que hacer y tantas distracciones que a menudo me siento arrastrado por la corriente de la vida. Y no quiero esto porque sé que me estoy saliendo de tu plan de estar unido a ti en corazón y en acción. Concédeme hoy la sabiduría para hacer todo con un propósito amoroso.

CAPÍTULO 38

¿Sabiduría cristiana?

El gran apologista cristiano C. S. Lewis escribió una vez un ensayo maravillosamente provocativo sobre la idea de la literatura cristiana, seleccionado de un documento que presentó ante una sociedad religiosa en Oxford.[1] Él pregunta si existe tal cosa como la «literatura cristiana», y si existe, cómo podría diferir de la literatura secular. Su principal argumento es que las reglas de la buena literatura son las mismas tanto para los cristianos como para los no cristianos. Y dice: «Me pregunto si cualquiera literatura tiene algunas cualidades literarias propias. Las reglas para escribir un buen drama pasional o un buen devocional son simplemente las mismas que existen para escribir una tragedia o un poema en general». Y usa un ejemplo un tanto jocoso. Preguntando si existe tal cosa como un libro de cocina cristiano, concluye correctamente diciendo que «para freír un huevo se requiere del mismo proceso si eres cristiano o si eres un pagano». Por supuesto, Lewis tiene razón. Sería definitivamente absurdo hablar de matemáticas cristianas o de una tabla periódica de los elementos cristiana, como si de alguna manera los cristianos siguieran un conjunto diferente de reglas cuando trabajan con álgebra o química.

Después de todo, la verdad es la verdad; por lo tanto, la verdad para un cristiano debe coincidir con la verdad para un no cristiano. Esto parece sentido común. Entonces, ¿por qué debemos hablar de la sabiduría cristiana como si se tratara de algo diferente a la sabiduría común de la humanidad? Es indudable que todo lo que es realmente bueno para la humanidad es igual de bueno para el cristiano, y viceversa. El cristianismo eleva al hombre, pero no cambia su naturaleza.

La sabiduría cristiana, si es que existe tal cosa —y yo creo que sí— no puede ser sabiduría válida para los cristianos pero no para todos los demás. Tiene que ser algo más que eso. No es una suerte de enseñanza esotérica, gnóstica, reservada para unos pocos iniciados iluminados. Debe consistir, más bien, en esa sabiduría superior que Cristo vino a revelar a toda la humanidad. Los cristianos creen que Dios mismo se hizo hombre para revelarnos la verdad sobre la existencia humana. Jesucristo es Dios, pero también es hombre. Si en él conocemos a Dios, también en él conocemos al hombre —al hombre ideal— como él (o ella) estaba destinado a ser. Si queremos saber lo que significa ser verdaderamente humano y qué es lo más importante en la vida, encontramos las respuestas en la vida de Cristo. La sabiduría cristiana, entonces, abarca las verdades a veces contrarias a la intuición acerca de la vida humana que se corresponden con la forma en que Dios ve las cosas, lo cual, después de todo, es la manera absolutamente objetiva y pura de verlas tal como son.

La sabiduría cristiana supera la sabiduría meramente humana, sin jamás contradecirla. La supera porque viene de Dios mismo. El cristianismo ofrece directrices básicas para la evaluación de los diferentes aspectos de la existencia humana y para asignarles el peso que se merecen. Después de haber visto que la sabiduría discierne entre lo que es importante y lo que no lo es, eso nos ayuda enormemente en el discernimiento de los criterios ofrecidos por el cristianismo. El cristianismo enseña, por ejemplo, que la eternidad es más importante que la temporalidad, que la voluntad de Dios es más importante que las meras consideraciones pragmáticas, y que las personas son más importantes que las cosas.

Los elementos de la sabiduría cristiana merecen que los estudiemos, y por eso vamos a dedicar los próximos capítulos a explorarlos.

CAPÍTULO 39

Tengo al cielo en la mente

En 2009, Suzy Welch publicó su éxito de librería, *10-10-10: Un método para tomar decisiones que transformará su vida*.[1] El libro es una guía para tomar decisiones prudentes basada en una premisa muy simple. A menudo tomamos malas decisiones porque actuamos en el calor del momento, según como nos sintamos y no de acuerdo con la razón. Para escapar de esa trampa, Welch recomienda reducir la velocidad y preguntarnos cómo nos vamos a sentir acerca de esta decisión dentro de diez minutos, dentro de diez meses y dentro de diez años (10-10-10). La toma de decisiones sabias requiere salir del momento presente con el propósito de proveer de objetividad a nuestras decisiones e ir más allá de la pasión y la emoción a fin de actuar con la razón.

Welch está en lo cierto. Muchas veces decimos cosas de las que nos arrepentimos de inmediato, pero ya no podemos echarnos atrás. Si pudiéramos mordernos la lengua por un momento, el tiempo suficiente para pensar en cómo vamos a sentirnos acerca de esas palabras diez minutos más tarde, nos evitaríamos muchas vergüenzas y lamentos. Diez minutos nos dan tiempo para enfriarnos, especialmente cuando sentimos más fuertes las pasiones de la ira y el orgullo. Antes de que pronunciemos una palabra desagradable o hiriente o enviemos un correo ofensivo, es necesario un momento de reflexión.

Esto también funciona a mediano y largo plazo. Si nos preguntáramos cómo nos sentiremos sobre cierta decisión de aquí a diez meses o a diez años, cuando todas las emociones se hayan borrado del cuadro, sin duda nos ayudaría a tomar decisiones prudentes con las que siempre estaremos contentos. Con frecuencia, nuestro consejo a otra persona (como espectador objetivo) es muy certero, mientras que nuestras propias decisiones no brillan con tan buen sentido. ¿Cómo vamos a evaluar una decisión de negocios, un divorcio, una mudanza, o una aventura romántica dentro de diez meses o dentro de diez años? Participar en este ejercicio mental para eliminar nuestros sentimientos actuales puede sincronizar efectivamente nuestro propio buen consejo y la toma de decisiones reales.

A pesar de lo bueno que es el consejo de Welch, no puedo dejar de pensar que falta el punto de referencia más importante. En la tradición cristiana, aprendemos a valorar nuestras acciones no solo a la luz del futuro, sino especialmente a la luz de la eternidad. Para ser verdaderamente sabios, debemos tener un sentido de lo que las cosas valen desde la perspectiva de Dios. En sus *Ejercicios Espirituales*, San Ignacio de Loyola incluye una meditación sobre la muerte. Esta meditación no tiene nada que ver con esas imágenes medievales espantosas de cráneos y esqueletos, sino que refleja el principio muy sabio según el cual deberíamos tratar de evaluar nuestras acciones presentes, considerando lo que vamos a apreciar en nuestro lecho de muerte. Es espiritualmente saludable —razona Ignacio— vivir ahora en la forma en que nos gustaría estar cuando nos encontremos con la muerte. Cuando miremos nuestra vida en retrospectiva, desde la perspectiva de Dios, ¿qué vamos a valorar? ¿De qué nos vamos a arrepentir? ¿Qué no parecerá más preciado y qué será simplemente una pérdida lamentable de tiempo y talentos?

Una perspectiva eterna añade un nuevo giro al método de Welch. En lugar de considerar nuestras decisiones de acuerdo con lo que vamos a valorar dentro de algunos minutos, meses o años, ¿por qué no hacerlo según lo que queramos valorar cuando esta corta vida llegue a su fin? En ese momento, ¿qué vamos a preferir: haber perfeccionado nuestro golpe de golf o haber aprendido a ser humildes y pacientes? ¿Qué vamos a considerar más importante: haber ganado millones de dólares o haber amado a Dios y servido a nuestros hermanos y hermanas? ¿Qué valoraremos más: la misa dominical o las horas extra de sueño?

El gran místico medieval Tomás de Kempis ofrece un consejo similar al que brinda Ignacio sobre las enseñanzas de Jesús. En su clásico espiritual *De la imitación de Cristo*, les da a sus lectores el siguiente consejo:

En todos tus pensamientos y en tus obras deberías portarte como si luego hubieses de morir. Si tuvieses buena conciencia, no temerías mucho de la muerte. Valdría más evitar los pecados que huir de la muerte. Si hoy no estás preparado, ¿cómo lo estarás mañana? El día de mañana es incierto, y ¿sabes tú si amanecerás otro día?[2]

Jesús hace la pregunta más importante de todas para determinar el verdadero valor de las cosas: «¿De qué sirve ganar el mundo entero si se pierde la vida? ¿O qué se puede dar a cambio de la vida?» (Mateo 16.26, NVI). Si nuestro 10-10-10 funciona solo para esta vida, pero no para la eternidad, seguimos careciendo de lo más importante. No importa cuán buenas y prudentes nuestras decisiones pudieren parecer, hay que medirlas contra nuestro verdadero horizonte final: la eternidad.

Hay una canción polifónica maravillosa para el Sábado de Gloria que yo acostumbraba cantar —con mi pobre voz— cuando estaba en el seminario. Escrita por Tomás Luís de Victoria, lleva por título *Judas Mercator Pessimus* (que podría traducirse como *Judas, el peor hombre de negocios*). Dice en tonos muy profundos y sobrios que Judas fue el peor comerciante porque vendió lo más preciado (¡Jesús!) por treinta monedas de plata.

Estuvo dispuesto a entregar al autor de la vida misma por una pequeña ganancia momentánea, igual que Esaú cuando negoció su primogenitura por un plato de lentejas.

Hubo un tiempo durante mis estudios en el seminario cuando luché tremendamente con respecto a si debía o no continuar en el camino hacia el sacerdocio y el servicio a tiempo completo en la iglesia. El periodo de duda más intenso duró alrededor de seis meses, y durante ese tiempo no tuve casi ningún sentimiento espiritual positivo. No quería orar. No me sentía ni santo ni espiritual ni nada parecido a eso. La verdad es que no sentía ningún deseo de ser sacerdote. En el apogeo de mi negativismo y duda, entré en una iglesia en Bridgeport, Connecticut, donde nunca había estado antes. Allí se encontraba un sacerdote que estaba oyendo confesiones. Aparte de la persona que se estaba confesando, no había nadie más, así es que fui a hacer mi confesión. Le dije al sacerdote lo que me estaba pasando. El sacerdote era tan viejo que no estoy seguro de que haya escuchado lo que le dije. No me ofreció ningún consejo espiritual sobre los pecados que confesé, pero lo que me dijo puso mi vida de cabeza: «Joven, no olvide que el diablo quiere que usted sea un buen hombre, y solo un buen hombre». Después de oír esas palabras supe que la mediocridad me estaba tentando como si me estuvieran clavando un cuchillo en el corazón. Yo estaba deprimido porque había venido luchando con la tentación de vivir mi vida a mi manera en vez de vivir el regalo de Dios de la vida a su manera... con los ojos puestos en la eternidad.

A menudo, Jesús les recomendó a sus discípulos «estar preparados», no como los niños exploradores para pasar una noche en el bosque, sino listos en cualquier momento para encontrarse con su Creador y rendir cuentas de su vida. A nosotros nos recuerda que ese día aparecerá «como un ladrón en la noche» (1 Tesalonicenses 5.2) y que nadie sabe «el día ni la hora» (Mateo 24.36). Esta exhortación a estar preparados no debe entristecernos, ni transformarnos en unos conformistas anticuados, sino en verdaderos cristianos. Todo lo bueno tiene su lugar, pero no todas las cosas buenas son iguales en importancia. Cuando miremos atrás desde la perspectiva de la eternidad, estoy seguro de que vamos a desear sobre todo ver una hermosa vida, una vida bien vivida, una vida forjada por decisiones tomadas a la luz de la eternidad. Para citar a Tomás de Kempis una vez más: «¡Cuán dichoso y prudente es aquel que procura ser en vida tal cual desea ser en la hora de la muerte!».

Una y otra vez en sus parábolas, Jesús hace hincapié en el valor relativo de los bienes temporales en comparación con los bienes eternos. Y anima a sus seguidores a mantener su mirada fija en el cielo y a no enredarse en los placeres fugaces y en las riquezas que el mundo tiene para ofrecer. En los términos más claros, contrasta los bienes de existencia temporal con los bienes permanentes de la eternidad:

No se preocupen por lo que han de comer para vivir, ni por la ropa que necesitan para el cuerpo. La vida vale más que la comida, y el cuerpo más que la ropa. Fíjense en los cuervos: no siembran ni cosechan, ni tienen granero ni troje; sin embargo, Dios les da de comer. ¡Cuánto más valen ustedes que las aves! Y en todo caso, por mucho que uno se preocupe, ¿cómo podrá prolongar su vida ni siquiera una hora? Pues si no pueden hacer ni aun lo más pequeño, ¿por qué se preocupan por las demás cosas? Fíjense cómo crecen los lirios: no trabajan ni hilan. Sin embargo, les digo que ni siquiera el rey Salomón, con todo su lujo, se vestía como uno de ellos. Pues si Dios viste así a la hierba, que hoy está en el campo y mañana se quema en el horno, ¡cuánto más habrá de vestirlos a ustedes, gente falta de fe! Por tanto, no anden afligidos, buscando qué comer y qué beber. Porque todas estas cosas son las que preocupan a la gente del mundo, pero ustedes tienen un Padre que ya sabe que las necesitan. Ustedes pongan su atención en el reino de Dios, y recibirán también estas cosas (Lucas 12.22-31).

San Pablo también exhorta a los miembros de la iglesia primitiva a conservar esta escala de valores para convertirse en «hombres nuevos», con un nuevo acopio de criterios y valores. Estos valores deberían distinguir al cristiano de los no creyentes. En un pasaje Pablo dice: «Por lo tanto, ya que ustedes han sido resucitados con Cristo, busquen las cosas del cielo, donde Cristo está sentado a la derecha de Dios. Piensen en las cosas del cielo, no en las de la tierra» (Colosenses 3.1-2).

Al sopesar el verdadero valor de las cosas, la sabiduría cristiana se fija en lo que va a durar. Del mismo modo que sería una tontería gastar tanto por un par de zapatos que durarán dos semanas como por uno que va a durar diez años, sería absurdo ir tras cosas perecederas con el mismo celo con que se buscan las imperecederas. Hay cosas que duran mucho; otras están destinadas a terminarse pronto.

Todos hemos oído la expresión: «No te lo puedes llevar a la tumba». Cuando morimos, todas nuestras pertenencias se quedarán aquí. Otros las dividirán o las tirarán a la basura. Sin embargo, hay algunas que llevaremos con nosotros, cosas que duran para toda la eternidad. Cuando se dirige a los corintios, San Pablo dice: «No nos fijamos en lo que se ve, sino en lo que no se ve, ya que las cosas que se ven son pasajeras, pero las que no se ven son eternas» (2 Corintios 4.18). Pablo ata lo visible a este mundo y lo invisible a lo que dura para siempre. Y recomienda que pongamos nuestros corazones en las cosas que van a durar.

Esto no significa que los cristianos deben descuidar las cosas de este mundo. Las cosas materiales no son malas. Dios hizo el mundo y todo lo que hay en él, por lo que todo es intrínsecamente bueno. Sería absurdo, y bastante aburrido, despreciar las grandes cosas de la vida como algo malo. De ello se deduce que tenemos la responsabilidad de cuidar de estas cosas buenas. Nuestra salud, el medio ambiente, nuestra riqueza... una mayordomía responsable de todas estas cosas es parte de lo que significa ser un buen cristiano. Después de todo, Jesús dice que en el Día del Juicio seremos examinados en algunas cosas muy materiales: si hemos dado de comer a los pobres, vestido al desnudo, visitado a los enfermos, y no solo si hemos orado bien.

Sin embargo, aun así, la jerarquía se mantiene. Las cosas espirituales son incorruptibles, están unidas a la eternidad, mientras que las cosas materiales necesariamente dejan de ser. Nos preocupamos de nuestra apariencia, de nuestra cuenta bancaria y de nuestras vacaciones, pero debemos recordar que todo eso se escurrirá como agua entre los dedos y no durará para siempre. No vamos —en palabras de Jesús— a acumular para nosotros un tesoro en la tierra en lugar de donde realmente importa: en el cielo (Mateo 6.19-20). La juventud y la belleza son excelentes ejemplos de esto. No importa lo duro que trabajemos en el gimnasio y cuánto maquillaje nos apliquemos en la cara, nuestra juventud pasa y no podemos recuperarla. Con frecuencia, me siento impresionado cuando veo en las calles de Manhattan las medidas extremas que toman algunas personas para tratar de evitar lo inevitable. En lugar de aferrarse desesperadamente a la juventud, las personas sabias pacientemente la dejan ir y aceptan cada etapa de la vida como si fuera la mejor.

El cristiano está llamado a mirar el mundo en forma diferente al no creyente. Para un no creyente, esta vida es todo lo que tenemos. Para un cristiano, todavía no estamos en casa. Somos peregrinos que vamos pasando por una tierra extranjera. Nuestra verdadera patria está más allá de esta vida. La mayoría de los cristianos cree esto, pero rara vez lo vive. ¡Qué diferente sería la vida si siempre tuviéramos esto en mente y lo viviéramos!

Jesús fue radical en su enseñanza. Modificó el statu quo y la forma en que la gente veía las cosas. Esto fue especialmente notorio en su forma de evaluar lo que es importante y distinguirlo de lo que no lo es. Por ejemplo, cuando una pobre viuda contribuye con dos pequeñas monedas de cobre al tesoro del templo, Jesús les asegura a los que estaban con él que su ofrenda era mucho mayor que las abundantes donaciones de los ricos. «Pues todos dan de lo que les sobra, pero ella, en su pobreza, ha dado todo lo que tenía para vivir» (Marcos 12.44). Desde una perspectiva puramente racional, esto parece absurdo. Dos centavos jamás podrían ser más que las grandes contribuciones. No obstante, Jesús nos dice que ante los ojos de Dios esto es así.

Por otro lado, Jesús reprende a los fariseos por alterar la escala de valores. Limpian las copas y los platos por fuera, dice, y pasan por alto lo más importante de la ley: «la justicia y el amor de Dios» (Lucas 11.39-42). Él nos dice que lo que está en nuestro corazón es más importante que lo que es puramente externo. Aunque lavarnos las manos correctamente antes de comer es una buena costumbre, más importante es practicar las virtudes de la misericordia y la justicia.

Como ya hemos visto, cuando le preguntaron a Jesús cuál de las leyes era la más importante, no dudó en resaltar el amor de Dios y el amor al prójimo como la suma y la sustancia de la ley, y muchísimo más importantes que todos los holocaustos. Cuando los discípulos empezaron una discusión sobre quién de ellos era el más importante, Jesús les interrumpe poniendo en medio de ellos a un niño, diciendo que el niño es el más importante. Lo que el mundo desprecia, Dios a menudo lo encuentra de gran valor.

Todo esto nos dice que el cristianismo ofrece una nueva visión de la existencia humana, una forma de ver y evaluar todos los eventos y actividades de la vida. Esta visión se basa en la verdad sobre el hombre, sobre su destino, y sobre su relación con Dios y el mundo.

La sabiduría cristiana no desprecia la creación o la vida de Dios en la tierra, pero las pone en su correcta perspectiva. Ahí es donde la sabiduría para reconocer la diferencia comienza: en recordar la eternidad cuando tomamos decisiones.

SABIDURÍA PARA RECONOCER LA DIFERENCIA

Señor, sé que aún no estoy en casa. Tú me has dado esta vida como una muestra de la por venir. Sin embargo, tú sabes que me distraigo a menudo; que vivo como si el aquí y el ahora fueran todo lo que importa. Dame, Señor, la sabiduría para reconocer la diferencia entre las cosas por las que debo luchar y las que debo dejar ir, todo en pos de las cosas que van a durar para siempre.

CAPÍTULO 40

¿La voluntad de Dios o la mía?

Existen muchísimas buenas razones —y también malas— para hacer lo que hacemos. Recuerdo un fascinante curso de sicología en la universidad, llamado «Comportamiento en las organizaciones», en el que veíamos lo que motiva a la gente a tomar las decisiones que toman. El dinero, la fama, el placer, la filantropía y un sinnúmero de otros incentivos pueden motivar a una persona a actuar. Algunas motivaciones son racionales, otras son emocionales, y la mayoría es una combinación de todas. Una sabiduría característicamente cristiana sitúa la voluntad de Dios por encima de todas ellas. Si hemos hecho un compromiso fundamental para vivir nuestra vida terrenal como preparación para el cielo y, por lo tanto, discernir lo que es verdaderamente importante en la vida, nada superará hacer lo que creemos que Dios quiere que hagamos con el fin de llegar allí; es decir, su voluntad.

Esto tiene sentido por varias razones. En primer lugar, ya que Dios hizo todo lo que existe, él conoce su diseño mejor que nadie. Entiende cómo funcionan las cosas, cómo deben encajar las unas con las otras, y cómo debe hacerse uso de la libertad humana. Llegamos a ser sabios cuando nos conectamos con su sabiduría, cuando buscamos integrar nuestras decisiones en su voluntad.

No obstante, todavía más importante es quizás que la voluntad de Dios constituye un mapa para la felicidad humana. Un principio fundamental de la fe cristiana es que Dios es amor y, por lo tanto, todo lo que quiere es una expresión de ese amor. Dios quiere cosas buenas para nosotros; de hecho, él quiere lo mejor. Es sabio seguir la voluntad de aquel que busca nada más que nuestro bien y que sabe dónde lo podemos encontrar. No hay duda de que esta fue la política que Jesús siguió y enseñó. Él dijo que hacer la voluntad de su Padre era su «comida» (Juan 4.34) y que siempre hizo lo que agradaba «al que me envió» (Juan 8.29). Esta política la transmitió a sus seguidores, porque «cualquiera que hace la voluntad de mi Padre que está en el cielo, ése es mi hermano, mi hermana y mi madre» (Mateo 12.50).

No siempre es fácil saber lo que Dios quiere de nosotros. Claro, sabemos un par de cosas que él no quiere que hagamos (piensa en esa bien conocida lista de acciones como el robo, el asesinato y la mentira), pero en el lado positivo puede ser más confuso. De vez en cuando la gente en la Biblia recibía visitas de ángeles o mensajes en los sueños, pero rara vez Dios parece comunicarse de esta manera con nosotros. Las mayoría de las veces tenemos que tomar las mejores decisiones posibles a través del estudio, la oración y la consulta, y la confianza en que Dios nos bendecirá por nuestro esfuerzo para conocer y hacer su voluntad.

Sin embargo, esto no quiere decir que estemos caminando en la oscuridad. Después de todo, tenemos una muy buena idea de qué clase de personas Dios quiere que seamos, y eso, en realidad, es un muy buen comienzo. Una persona con un corazón sincero, generoso, indulgente, servicial, fiel, sabe cómo actuar en casi todas las situaciones. ¡Si eso no es la voluntad de Dios, entonces no sé cuál es! Y si Dios tiene mensajes especiales para nosotros, aparte del curso normal de los acontecimientos, y si somos hombres y mujeres con una vida de oración constante, seguramente encontrará la manera de dejárnoslo saber.

Lo más importante es haber hecho el compromiso fundamental con Dios: «Señor, quiero hacer tu voluntad». Esta profunda decisión de confiar en Dios ya lo complace muchísimo. Una persona que sinceramente busca la voluntad de Dios sobre todo lo demás habrá descubierto una de las más profundas sabidurías que existen.

Creo que una de las grandes sorpresas que nos esperan en la eternidad es ver quiénes son los grandes ganadores y los grandes perdedores de la vida. Las cosas que juzgamos ahora según los estándares terrestres, sin duda tendrán un aspecto diferente cuando estemos ante Dios. Siempre me ha impresionado la parábola de Jesús sobre el rico y Lázaro. El hombre rico vive en una gran mansión, viste ropas finas y da fiestas extravagantes. Lázaro es un pobre mendigo cubierto de llagas que se sienta fuera de la puerta de la mansión del rico. El hombre rico es sin duda el personaje de la ciudad, por lo que seguramente es invitado a todas las mejores fiestas. Todo el mundo sabe su nombre y todos quieren ser su amigo. Y sin embargo, hoy en día lo conocemos simplemente como «el rico». A Lázaro, por su parte, lo evita todo el mundo. Es el consumado «perdedor» que tiene que sobrevivir comiendo las migajas que le dan cuando las pide. Sin embargo, a Lázaro lo conocemos por su nombre y, como Jesús nos dice, fue consolado en el seno de Abraham.

¿Cuál es la principal diferencia entre estos dos hombres? No es que uno haya sido rico y el otro pobre. Es, más bien, que uno vivió para sí mismo buscando satisfacer su propia voluntad, mientras que el otro, aun en su miseria, buscaba el rostro de Dios. Uno era necio y el otro sabio.

En este camino hacia la sabiduría, a veces todo lo que se necesita es un cambio en nuestros patrones de pensamiento. En lugar de tener nuestra propia voluntad —lo que queremos hacer— como eje de nuestro pensamiento y actividad, podemos decidir buscar y hacer la voluntad de Dios. Con el tiempo, esto va a alterar nuestra idea del éxito. Mientras que antes nos sentíamos desanimados por las cosas pequeñas, ahora recordamos que la victoria final es la que cuenta. Y esta victoria no es económica, ni social, ni política. ¡Es espiritual! No importa lo que nos ocurra, no importa lo que la gente nos haga, no importa nuestra situación de salud o riqueza, nuestro verdadero éxito en la vida no está en riesgo. ¡Nuestra meta es estar con Dios!

También para enfatizar este punto hay otro libro que leí en la universidad, *La consolación de la filosofía*, escrito por un antiguo filósofo cristiano llamado Anicio Manlio Torcuato Severino Boecio. Una de las principales propuestas de Boecio es que nada de lo que perece puede constituir nuestro verdadero bien. Lo temporal pasa, lo eterno queda para siempre. ¿Qué es a los ojos de Dios realmente una «buena noticia» y una «mala noticia»? ¿Hay alguna buena noticia, excepto Dios, que no pueda usarse para nuestro perjuicio? ¿Hay algún «mal» que Dios no pueda transformar en bien? ¡Con qué frecuencia me acuerdo de las consoladoras palabras de San Pablo: «Sabemos que Dios dispone todas las cosas para el bien de quienes lo aman, a los cuales él ha llamado de acuerdo con su propósito» (Romanos 8.28).

Hay una historia taoísta que viene muy bien en este punto. Un viejo agricultor ha trabajado la tierra durante años. Un día, su caballo se escapa. Al escuchar la noticia, los vecinos vienen a visitarlo.

—¡Qué mala suerte! —le dicen, tratando de darle ánimo.

—¡Ya veremos! —les contesta el agricultor.

A la mañana siguiente el caballo regresa y trae con él a otros tres caballos salvajes.

—¡Qué bueno! —le dicen los vecinos.

—¡Ya veremos! —les responde el anciano.

Al siguiente día, el hijo del anciano intenta montar uno de los caballos salvajes, pero es despedido por el animal con tan mala consecuencia que al caer se rompe una pierna. Los vecinos le vuelven a ofrecer sus simpatías al anciano en su desgracia.

—¡Ya veremos! —les responde.

Al día siguiente, llegan funcionarios militares a reclutar hombres para el ejército. Al ver al joven con su pierna rota, pasan de largo. Los vecinos vuelven para felicitar al agricultor por lo bien que han resultado las cosas.

—¡Ya veremos! —dice el agricultor.

Cada experiencia de nuestras vidas sobre la tierra, buena o mala, está teñida de incertidumbre y precariedad. Cada alegría es frágil, como una figurita de cristal que podría romperse en cualquier momento. Sin embargo, llegará la hora cuando una pieza final de buena fortuna nos sobrevendrá, una buena fortuna que nadie nos va a arrebatar y que ninguna desgracia va a manchar. Será el día cuando escuchemos de boca de nuestro Señor esas benditas palabras: «Bien, buen siervo y fiel. Ven y entra en el gozo de tu Señor». En ese momento, el miedo que acompaña a la incertidumbre terminará para siempre. Toda contingencia será reemplazada por la permanencia. Al final, la verdadera sabiduría consiste en esto. El mundo tal como lo conocemos se está muriendo. Tanto el placer como el dolor se desvanecerán en la memoria, y no dejarán residuos en nuestras almas. Es la victoria final lo que importa, y saber esto y vivir de acuerdo a ello es sabiduría: la verdad del evangelio.

Señor, hay muchas cosas que resplandecen y brillan. Algunas son buenas para mí, otras no lo son. Sin embargo, en lo profundo de mi corazón sé que tú eres el único que puede satisfacer mis más grandes anhelos, las cosas que me harán florecer. Dame hoy la fuerza para buscar tu voluntad por encima de todo lo demás. Y todo esto lo haré por amor a ti.

CAPÍTULO 41

Las personas antes que las cosas

Un último aspecto de la sabiduría cristiana tiene que ver con la primacía de las personas sobre las cosas. Jesús nos asegura que somos tan importantes para Dios el Padre que él tiene contados cada cabello de nuestra cabeza (Lucas 12.7). Y que aunque Dios no se olvida de un solo gorrión, nosotros valemos más que muchos pajarillos. Las cosas son para ser utilizadas; las personas son para ser amadas. Cada persona tiene para Dios un valor infinito, tanto que el Buen Pastor deja las noventa y nueve ovejas para ir a buscar la que se ha perdido (Lucas 15.4).

A los ojos de Dios, nadie es solo un «número». Nadie es sustituible. Nadie se escapa a través de las grietas. Él mantiene sus ojos sobre cada uno de nosotros y nos ama a cada uno de una manera única y perfecta. Recuerdo que cuando yo era un niño, alguien me dijo que aun si yo hubiese sido la única persona en el mundo, Jesús habría muerto en la cruz por mí. Ese pensamiento me dejó atónito. Jesús no solo murió por la «humanidad», ¡sino que murió por mí! Eso debe ser a lo que San Pablo se refiere cuando dice: «Ya no soy yo quien vive, sino que es Cristo quien vive en mí. Y la vida que ahora vivo en el cuerpo, la vivo por mi fe en el Hijo de Dios, que me amó y se entregó a la muerte por mí» (Gálatas 2.20). Pablo emplea en esa declaración la primera persona del singular: «por mí». ¡Qué pensamiento tan extraordinario el que Dios nos ame a cada uno de nosotros con tal singularidad!

No hay nada más poderoso o que cambie la vida como esta convicción del amor radical de Dios para cada uno de nosotros sus hijos. El cambio es de adentro hacia afuera. Si Dios nos ama tan completamente, nosotros no podemos sino amarlo a él y a los demás de una manera similar. ¿Cómo podríamos mirar a otros seres humanos con desdén si Cristo los ama tanto que habría muerto solo por ellos? ¿Cómo podríamos despreciar lo que Cristo ama? Diciéndolo así, es fácil entender que el cristiano está llamado a ser totalmente inclusivo. Debemos amar a todos, sin excepciones.

Si bien es cierto que Cristo vino por los enfermos, por los pecadores, por los débiles, por todos nosotros... el cristianismo no es para cobardes. El gran mandamiento del amor puede ser lo más difícil de vivir en este mundo. De vez en cuando, el amor surge naturalmente, y entonces es fácil vivirlo. Pero esa es la excepción. La mayor parte del tiempo el amor requiere valor, sacrificio personal y mucha paciencia. Realmente necesitamos un corazón como el de Cristo para amar a la gente en la manera que él quiere que lo hagamos. Qué hermoso pero qué perturbador, por ejemplo, es el mandamiento de perdonar a los que nos ofenden y amar incluso a nuestros enemigos. Cuando alguien que nos ha lastimado intencionalmente ni siquiera se ha arrepentido, se necesita mucho valor para responder con amor, como el propio Jesús lo hizo: «Padre, perdónalos, porque no saben lo que hacen» (Lucas 23.34). Imitar a Jesús es siempre sabio.

Practicar la sabiduría cristiana implica hacer el mayor esfuerzo a fin de vivir para los demás, siempre. Eso significa poner siempre a la gente primero. Este es un verdadero reto para mí. Empiezo el día con una lista de todas las tareas que tengo que hacer y de las que tengo que ocuparme. Soy una persona «orientada a los proyectos» e inconscientemente defino un buen día según la cantidad de tareas que puedo tachar de mi lista de cosas por hacer. Sin embargo, la gente no es una tarea cuantificable. No es posible poner una marca de verificación después de sus nombres, como si se tratara de un proyecto. Ellos están siempre ahí, no como cosas para trabajar con ellas, sino como prójimos a quienes amar.

La parábola del Buen Samaritano no deja de llamarme a la acción, especialmente cuando la leo en voz alta delante de mi congregación. ¡Probablemente recuerdes que el primero en pasar junto al hombre en necesidad es un sacerdote! Es alguien muy ocupado; probablemente se dirige a una reunión o a dar una charla. Es alguien muy importante como para molestarse por situaciones como la del hombre herido. Así que pasa de largo. El sacerdote toma una mala decisión. No pone a la gente primero, sino que pone a las «cosas» primero: su tiempo, su horario, sus tareas. Y Jesús nos dice que, debido a esa mala decisión que tomó, no es un buen prójimo para el hombre que ha sido golpeado. El sacerdote no es sabio.

La sabiduría cristiana nos dice que nada es más importante que otra persona. Y no importa quién sea la otra persona: un niño, un desamparado, un analfabeto, un hediondo, un desagradable, un arrogante. No importa. Esa persona es importante para Dios y debe ser importante para nosotros.

La encarnación de Jesús como el Verbo entre nosotros hace que la sabiduría sea inmensamente práctica para los cristianos. Debido a que hemos visto, oído, y casi tocado a Jesús en los Evangelios, no necesitamos profetas, reyes ni ángeles para que nos hablen de la voluntad de Dios. No necesitamos hombres sabios para que nos descifren el significado de las constelaciones o para predecirnos el futuro. Con la frecuencia que queramos, podemos preguntarnos: ¿qué quiere que hagamos Jesús de Nazaret? ¿Es este el momento para dejar de insistir en que nos traten de manera justa? ¿Qué haría Jesús? ¿Deberíamos pasar por alto algo que nos molesta acerca de otra persona: una cuñada, una suegra, un compañero de trabajo, o tenemos que confrontarla? Preguntémonos qué haría Jesús. Cuando no estamos seguros de algo o nos sentimos confundidos, tenemos las vidas de los heroicos cristianos que nos han precedido como faros brillantes guiándonos hacia el Padre, la fuente de toda sabiduría. La sabiduría cristiana se fundamenta en la misma verdad que la sabiduría natural, pero nos aclara cómo «reconocer la diferencia» entre el momento en que debemos «soltar algo y dejárselo a Dios», y cuándo debemos actuar con valentía.

Padre celestial, tú sabes que quiero actuar correctamente. Tú sabes que quiero amar como tú amas, servir como tú sirves. Sabes también que hay personas en mi vida a las que me cuesta amar. Te pido que me des un corazón como el tuyo para que, comenzando hoy mismo, ponga a los demás —a todos los demás, sin excepción— por encima de todas las cosas, especialmente aquellas que se interponen en el camino de amar a otros como tú les amas.

CONCLUSIÓN

❧

«Un día a la vez».
«Hoy, estoy sobrio».
«Han pasado ocho años y medio desde que me tomé el último trago».

Estoy seguro que más de una vez has oído estos u otros comentarios similares de adictos en recuperación. Cada uno de ellos reconoce que están a una mala decisión de distancia de su antigua vida de caos y miseria. Cada día es una jornada. Ellos nunca reclaman haber alcanzado la victoria final.

Ya sea que luchemos o no contra alguna adicción, estar dispuestos a rechazar la idea de haber alcanzado la victoria final en nuestra jornada espiritual es profundamente saludable. El camino de la serenidad no es una fórmula estática que, una vez entendida, produzca espontáneamente resultados que solucionen todos los problemas. Aunque hemos llegado al final de este libro, apenas estamos empezando. Hemos identificado el camino y comenzado a movernos lentamente en la dirección correcta. Hemos tratado con mayor o menor éxito, estoy seguro, de dejar pasar algunas cosas que no podemos cambiar y retomar otras que habíamos pensado que eran demasiado complicadas para manejar. Cada uno de estos intentos ha sido importante, pero afortunadamente, el crecimiento en la vida espiritual no está determinado por el éxito de estos intentos. Está determinado, en cambio, por la gracia de Dios, que él puede dar cuando y como quiere. En otras palabras, incluso si no sentimos que estamos avanzando a la velocidad que nos gustaría, no tenemos que amedrentarnos ni dar lugar al desaliento. Todo lo que Dios pide de nosotros es seguir avanzando. Este viaje es tan largo como la vida, y está surcado por señales exclusivas, diseñadas y puestas por Dios, y que se ajustan perfectamente a las vueltas y curvas, los golpes y moretones que Dios permite que se nos presenten en el camino. Con los antecedentes que tenemos ahora, y con una determinación renovada de hacer la voluntad de Dios, cuando veamos estas señales sabremos que están ahí para nuestro propio bien. Dios está con nosotros, y sus caminos y su tiempo son perfectos.

Esta firme determinación de seguir adelante sin saber cómo Dios nos llevará al lugar de paz interior, serenidad y valor que perseguimos tiene sentido, porque creemos en el cielo y que Dios nos está llevando allí.

No tengo idea de cómo será el cielo. Sin embargo, tengo una gran corazonada de que incluirá la mejor versión de las cosas y a las personas que más amo en la tierra. Esto no es una especulación alocada. La historia de la salvación, como leemos en la Biblia y en nuestras propias vidas, es la historia de Dios pacientemente —siempre con mucha paciencia— revelándose a nosotros y cortejándonos para que establezcamos una relación amorosa con él de modo que podamos decidir por la fe estar a su lado para siempre. El telón de fondo de esta historia de amor divino es nuestro contacto con su creación. Lo hermoso de la naturaleza, nuestra amistad íntima y cercana con buenas personas, el desarrollo de la razón humana y, me atrevo a agregar, la buena comida, el buen arte, la buena música y la buena diversión... todas son piezas de la creación de Dios, y cuando las usamos bien, apuntan hacia él como la fuente de toda bondad y verdad. El hecho de que Dios tomara la forma de su creación con la encarnación de Jesucristo es la prueba definitiva de que su creación es muy, muy buena.

Si la creación de Dios es tan buena, ¿no te parece que es poco probable que vaya a desaparecer por completo, sin nada parecido que la reemplace? Es cierto que el nuevo cielo y la nueva tierra anticipados en Apocalipsis a Juan (21.1) serán muy diferente de la realidad fracturada y parcialmente destruida que conocemos ahora. ¿Pero que no haya buena comida en el cielo? ¿En serio? Como ya dije, creo que solo tiene sentido —en términos espirituales— que el cielo esté repleto de las mejores versiones de nuestras cosas favoritas.

Mucho más importante, si respondemos afirmativamente a su llamado amoroso a estar con él para siempre, el cielo estará lleno de la mejor versión de nosotros mismos y de las personas que amamos. Si quieres emocionarte con respecto al cielo, piensa en estar allí con todos tus seres queridos, no como son ahora, sino más bien como las personas que Dios quiere que sean. Imagínalos con una salud perfecta de mente, alma y cuerpo, totalmente enamorados de Dios y en perfecta armonía con los demás. Ahora imagina a una familia humana viviendo en la presencia de Dios sin envidia, ira, ansiedad, rencor ni miedo. ¡Eso es el cielo!

Traigo otra vez a colación el cielo, aquí en la conclusión, porque este camino de la serenidad nos puede llevar allí. Y llegar al cielo es lo que más importa en la vida. Jesús nos advirtió que la puerta estrecha y difícil es el camino que conduce a la vida (Mateo 7.14). Es difícil llegar al cielo, y es difícil porque es más fácil seguir nuestras pasiones humanas y vivir para nosotros mismos. Es más fácil estar preocupados por las cosas que no podemos cambiar que aceptarlas, aprendiendo a confiar en la providencia de Dios. Es más fácil permitir que el miedo y la pereza nos congelen e impidan que cambiemos con valor las cosas que sí podemos y debemos cambiar. Es más fácil seguir nuestros caprichos que aprender sabiduría buscando y haciendo la voluntad de Dios.

Entonces, hagamos lo que hay que hacer. Sigamos adelante. Confiemos en el camino de la serenidad que el Señor ha trazado para nosotros en los Evangelios y en su vida. «Yo he venido para que tengan vida, y la tengan en abundancia» (Juan 10.10).

Espero que este libro haya sido para ti una parte pequeña dentro del enorme plan de Dios para darte todo lo que necesitas a fin de llegar al cielo mientras la pasas muy bien en el camino. Ciertamente, el escribirlo ha representado para mí las dos cosas.

NOTAS

Capítulo 1: Una paz que viene de Dios
1. Bishop Fulton J. Sheen, *Peace of Soul* (Garden City, NY: Doubleday, 1954), p. 1 [*Paz en el alma* (Buenos Aires: Lumen Humanitas, 2006)].
2. Jean-Pierre de Caussade, *Abandonment to Divine Providence*, también titulado «The Sacrament of the Present Moment», publicado póstumamente en 1861 [*El abandono en la divina providencia* (Valencia: EDICEP, 2005)].
3. Karl Adam, *Christ Our Brother* (Nueva York: Macmillan, 1931) [*Cristo nuestro hermano* (Barcelona: Herder, 1958)].

Capítulo 2: A salvo de toda angustia
1. Don Moen y Clair Cloninger, «I Offer My Life», (©1994 Juniper Landing/Word/Integrity's Hosanna).

Capítulo 5: Dios nunca nos dejará solos
1. Joseph Ratzinger, *Introduction to Christianity*, 2a ed. (1969; reimpresión, San Francisco: Ignatius Press, 1990, 2004), II-1, [*Introducción al cristianismo* (Salamanca: Sígueme, 2013)].

Capítulo 6: Si Dios puede cambiarlo, ¿por qué no lo hace?
1. San Agustín, *Enchiridion on Faith, Hope, and Charity*, viii, http://www.augustinus.it/spagnolo/enchiridion/index2.htm.
2. Joseph Ratzinger, *Introduction to Christianity*, 2nd ed. (1969; reimpresión, San Francisco: Ignatius Press, 1990, 2004), II, II, 2, c, 2, ver http://www.medioscan.com/pdf/Introduccionalcristianismo.pdf.

Capítulo 7: Tenemos todo lo que necesitamos
1. San Agustín, Sermón VI sobre «New Testament Lessons», en *Nicene and Post-Nicene Fathers: First Series*, vol. 6, ed. Philip Schaff (Peabody, MA: Hendrickson Publishers, 1994), p. 276.

Capítulo 8: El encanto de las posesiones materiales
1. San Juan de la Cruz, *La subida del Monte Carmelo*, ch. XI, no. 4, ver http://www.documentacatholicaomnia.eu/03d/1542-1591,_Ioannes_a_Cruce,_La_Subida_Del_Monte_Carmelo,_ES.pdf.

Capítulo 9: Asciende la montaña, y luego mira desde la cima
1. Santa Teresa de Ávila, *Libro de las fundaciones*, 5.8, ver http://www.santateresadejesus.com/wp-content/uploads/Las-Fundaciones.pdf.

Capítulo 10: La serenidad es posible sin importar lo que enfrentemos
1. El blog de recuperación de Thom Peters: http://www.tpetersrecovery.blogspot.com/.
2. San Agustín, de un comentario sobre los Salmos.
3. Una oración atribuida a San Tomás Aquino (1225–1274).

NOTAS

Capítulo 11: Tenemos que admitir nuestra historia
1. San Agustín, *Confesiones*, libro 8, capítulo 17, ver http://www.cervantesvirtual. com/obra-visor/confesiones--0/html/ff7b6fd2-82b1-11df-acc7-002185ce6064_4. html#I_12_.

Capítulo 12: Dios te ama, con todos tus defectos
1. Papa Juan Pablo II, La XVII Jornada Mundial de la Juventud de 2002, homilía de la misa al aire libre, Toronto (julio 28, 2002), ver http://www.vatican.va/holy_father/ john_paul_ii/homilies/2002/documents/hf_jp-ii_hom_20020728_xvii-wyd_en.html.

Capítulo 13: La misericordia de Dios no tiene límites
1. *Santa Teresa de Lisieux: Últimas conversaciones*, 7 noviembre 1897, núm. 6, ver http://www.portalcarmelitano.org/component/k2/itemlist/category/54-teresa-de-lisieux-%7C-obras-completas.html.
2. San Francisco de Sales, *Introducción a la vida devota*, capítulo 19, ver http://es.catholic.net/op/articulos/16870/introduccin-a-la-vida-devota.html.

Capítulo 14: La gratitud es un camino a la paz
1. Aunque el Libro de Judit no pertenece al canon oficial de las escrituras judías, formó parte de la Septuaginta, la traducción griega de la Biblia, y muchos eruditos judíos lo consideran una valiosa descripción de los antecedentes de la fiesta judía de Janucá.
2. A pesar de que dispone de diferentes raíces históricas, un día de fiesta de acción de gracias se celebra por parte de los canadienses también; el Día de Acción de Gracias canadiense se celebra el segundo lunes de octubre, el día establecido en 1957 por el Parlamento de Canadá.
3. George Washington, Proclamation of Thanksgiving 3 octubre 1789, en http:// www.churchstatelaw.com/historicalmaterials/8_6_2_1.asp.

Capítulo 15: Todo es cuestión de alegría
1. Hans Urs von Balthasar, *You Crown the Year with Your Goodness: Sermons Throughout the Liturgical Year* (San Francisco: Ignatius Press, 1982), p. 9. Uno de mis teólogos favoritos, Hans Urs von Balthasar, repetidamente nos invitó a vivir con alegría porque tenemos un gran motivo para la esperanza, no importa la situación en la que nos encontremos. Dijo que en medio de todo el miedo que caracteriza los tiempos en que vivimos, tenemos toda la razón para vivir en alegría y comunicar esta alegría a los demás, porque Cristo ya ha sido victorioso sobre el pecado y la muerte.

Capítulo 16: ¿Podemos realmente marcar una diferencia?
1. Voltaire, «La Bégueule», que comienza: «Dans ses écrits, un sage Italien, dit que le mieux est l'ennemi du bien» («En sus escritos, un sabio italiano dice que el mejor es el enemigo del bien»).
2. Frances Hodgson Burnett, *The Land of the Blue Flower* (1904), http://www.online-literature.com/burnett/3041/.

Capítulo 18: Necesitamos hacer algunos cambios
1. San Agustín, *Confesiones*, libro 8, capítulo 5, ver http://www.cervantesvirtual. com/obra-visor/confesiones--0/html/ff7b6fd2-82b1-11df-acc7-002185ce6064_4. html#I_12_.
2. El papa Juan Pablo II, exhortación apostólica post-sinodal Reconciliatio et Paenitentia (2 diciembre 1984), núm. 4, ver https://w2.vatican.va/content/john-paul-ii/ es/apost_exhortations/documents/hf_jp-ii_exh_02121984_reconciliatio-et-paenitentia.html.

Capítulo 20: Tienes un papel importante en esta obra
1. John Henry Newman, Meditations and Devotions of the Late Cardinal Newman (Nueva York: Longman, Green, and Co., 1903).

NOTAS

Capítulo 21: Ante los ojos de Dios, todos somos figuras de acción
1. El papa Juan Pablo II, exhortación apostólica post-sinodal *Christifideles Laici* (1981), núm. 3, ver https://w2.vatican.va/content/john-paul-ii/es/apost_exhortations/documents/hf_jp-ii_exh_30121988_christifideles-laici.html.
2. El papa Benedicto, *Carta encíclica Deus Caritas Est* (2005), núm. 31c, ver http://w2.vatican.va/content/benedict-xvi/en/encyclicals/documents/hf_ben-xvi_enc_20051225_deus-caritas-est.html.
3. El Concilio Vaticano II, *Constitución dogmática Lumen Gentium sobre la iglesia* (1964), núm. 31, ver http://www.vatican.va/archive/hist_councils/ii_vatican_council/documents/vat-ii_const_19641121_lumen-gentium_sp.html.

Capítulo 24: Bienaventurados los misericordiosos
1. El papa Juan Pablo II, *Carta encíclica Dives in Misericordia* (1980), no. 12, ver https://w2.vatican.va/content/john-paul-ii/es/encyclicals/documents/hf_jp-ii_enc_30111980_dives-in-misericordia.html.

Capítulo 27: El valor para levantarte después de una caída
1. Maximilian Kolbe, *Stronger Than Hatred: A Collection of Spiritual Writings*, 2a ed. (Hyde Park, NY: New City Press, 1988).

Capítulo 31: Cultivemos nuestra vida interior
1. Ver Platón, *La apología de Sócrates*, 38a, ver http://www.filosofia.org/cla/pla/azc01049.html.

Capítulo 32: ¿Espirituales pero no religiosos?
1. El papa Juan Pablo II, *Crossing the Threshold of Hope* (Nueva York: Alfred A. Knopf, 1994), p. 31 [*Cruzando el umbral de la esperanza* (Nueva York: Alfred A. Knopf, Vintage Español Series)].
2. San Agustín, *Confesiones* (397 a.d.), p. 1.

Capítulo 33: Los susurros de Dios
1. Esta homilía se atribuye al escritor ahora conocido como Pseudo-Crisóstomo.

Capítulo 34: El principio de toda sabiduría
1. Nicolás Maquiavelo, *El príncipe*, capítulo 17.
2. San Agustín, *De Gratia et Libero Arbitrio*, xviii, ver http://www.augustinus.it/spagnolo/grazia_libero_arbitrio/index2.htm.

Capítulo 36: No evites los riesgos; asume los correctos
1. *Catechism of the Catholic Church* (1992), no. 1806, ver http://www.vatican.va/archive/catechism_sp/index_sp.html.

Capítulo 37: Una vida con propósito y sentido
1. Viktor E. Frankl, *Man's Search for Meaning* (Nueva York: Simon & Schuster, 1985), p. 157 [*El hombre en busca de sentido* (Barcelona: Herder, 2004)].
2. Frankl, *Man's Search for Meaning*, p. 126.

Capítulo 38: ¿Sabiduría cristiana?
1. C. S. Lewis, «Christianity and Literature», en *Christian Reflections* (Grand Rapids, MI: Eerdmans, 1967), pp. 1–11.

Capítulo 39: Tengo al cielo en la mente
1. Suzy Welch, *10-10-10: A Life-Transforming Idea* (Nueva York: Scribner, 2009) [*10-10-10: Un método para tomar decisiones que transformará su vida* (Nueva York: Atria Español)].
2. Tomás de Kempis, *De la imitación de Cristo* (Francia: Librería Española de Garniere Hermanos, 1865) Libro I, Capítulo 23, p. 65.

www.ingramcontent.com/pod-product-compliance
Lightning Source LLC
Chambersburg PA
CBHW011711290426
44112CB00019B/2816